Graziano D'Urso

Ritmica-Mente

BASS

SECONDA EDIZIONE

Lineamenti fondamentali di ritmica, solistica e teoria bassistica

Catania

2020

"Da dove, ti prego, vengono queste cose,
se non dal sommo ed eterno principio dei numeri,
della similitudine, dell'uguaglianza e dell'ordine?
Ma se toglierai queste cose dalla terra
non sarà più nulla."
Agostino - De Musica, cap VI, par. 17,57

Ritmica-Mente Bass

Lulu.com, Morrisville, NC.

ISBN: 978-0-244-56460-5

INTRODUZIONE ALLA SECONDA EDIZIONE

Questo manuale, come il classico "Ritmica-Mente" (per chitarra) vuole intraprendere la spiegazione dei lineamenti fondamentali della ritmica e della solistica di uno strumento a corde, senza fuoriuscire dalla lezione che ci si spetta per un manuale sullo strumento in questione.

Il basso ha però tutta una sua disciplina, una sua didattica, che solo in alcuni punti si incontra con quella della chitarra: da un lato tecniche d'esecuzione, tavole accordi, sfumature, etc; dall'altro ciclicità, scale, andamenti, etc.

Ritmica-Mente Bass analizza tutti gli elementi di congiunzione e disgiunzione tra i due strumenti basso e chitarra, per comprendere al meglio la natura del primo, e le analogie col secondo. Sono ovviamente presenti, adattati per basso, giri armonici, accordi, sfumature, slap, scale di ogni genere, ed andamenti blues.

Lo scopo dell'autore è quello di mostrare quelle naturali connessioni, e quelle geometrie comuni nella musica, ad ogni strumento, e più che mai tra la chitarra ed il basso.

In questa seconda edizione sono stati corretti, secondo la diteggiatura, i giri armonici, è stato aggiunto l'argomento delle scale per terze, corretta la legatura, aggiunto il Boogie Woogie minore, re-inserito elaborato *ex novo* l'argomento delle sfumature, e tanto altro ancora.

Questo manuale è adottato in diversi corsi di chitarra tra cui: Corso di Chitarra e Basso Associazione culturale "Centro Studi Aci Trezza", Corso di Chitarra e Basso Associazione culturale "Creattiva Aci Castello", Corso di Chitarra "2° Circolo Didattico Giovanni Paolo II", in cui l'autore è insegnante titolare.

L'autore ringrazia fin d'ora per tutte le osservazioni critiche con le quali i colleghi e gli studenti vorranno amabilmente ricompensare il mio sforzo.

Per qualsiasi informazione l'autore del manuale può essere contattato agli indirizzi e-mail: graziano.durso@live.it (MSN) e graziano.durso@hotmail.it (Facebook), ed al web link www.grazianodurso.it, oppure al contatto telefonico mobile 3404750933.

1. COME STUDIARE IL BASSO

"Studiare il basso" è una formulazione troppo generica per poter essere trattata in queste poche righe dedicate all'argomento, e si finirebbe per allontanarci dallo scopo di questo primo paragrafo. Si dovrebbe quindi meglio parlare di come "studiare la disciplina ritmica, solistica e teoria bassistica" alla luce del metodo sul quale si basa questo pratico Manuale.

Si vuol quindi con questo prologo, giustamente inserito dopo l'Introduzione, guidare lo studente verso il metodo di studio migliore associato a questo testo di *Lineamenti fondamentali*.

Innanzitutto è necessario fissare bene quali siano i cardini dell'impostazione delle mani sul Basso (di cui al paragrafo successivo un'ampia descrizione), la posizione d'assumere per lo studio dello strumento, e la tecnica di autoverifica della corretta esecuzione. Sono quindi sparsi in questo Manuale, prima di importanti sezioni (come Giri Armonici, Scale, etc.), le regole che devon'esser rispettate ai fini della corretta esecuzione e del corretto studio dell'argomento.

E' sempre bene verificare, ogni qual volta s'esegua un esercizio o si studi un argomento, la correttezza di questo sulla base di tali regole, come quelle inserite al paragrafo dedicato alla corretta esecuzione delle scale. Se un accordo, o una scala, o una posizione è stata imparata scorrettamente, è molto difficile riuscire a "rettificare" ciò che si è mal interpretato: studiare male un argomento può risultare più negativo di non averlo studiato affatto!

Ecco perché l'importanza di questo paragrafo: ribadire allo studente di non improvvisarsi interpreti della tecnica esecutiva senza prima aversi formato sulle regole e sui consigli dell'Insegnante, o, in questo caso, dell'Autore.

L'autodidattica fin da principio rende poco nella Musica al di là di che se ne dica, soprattutto se informatica: questa è una disciplina millenaria, che per essersi portata a tanto ha dovuto conoscere genî e Maestri d'altissima virtù e prestigio che hanno dedicato la loro intera vita al suo studio con passione, dedizione e completa devozione. Con ciò non si vogliono attaccare i benefici dell'informazione digitale, ma per l'esigenza di contatto fisico che questa materia vuole, sarebbe impensabile scoprire da sé uno strumento senza una guida che conferisca almeno le chiavi di lettura.

La Musica è una Scienza esatta, fatta di numeri e di formule: non può essere lasciata naufragar nella temperie dell'opinione[1]. L'interpretazione dell'esecutore

[1] Jean-Philippe Rameau nel *Trattato dell'armonia ridotto ai suoi principi fondamentali* (1722) diceva: "La musica è una scienza che deve avere regole certe: queste devono essere estratte da un principio evidente, che non può essere conosciuto senza l'aiuto della matematica. Devo ammettere che, nonostante tutta l'esperienza che ho potuto

lascia lo spazio che trova, donando quella originalità che solo l'essere umano può conferire, ma il virtuosismo del musicista non può fiorire ove non ci sia quella solida e forte base fondamentale che da semente irrora il fertile terreno ch'è la volontà del discente.

Questo Manuale presenta numeri, forme geometriche, formule, elementi che ritornano ciclicamente come in un'equazione matematica. Senza contare la Fisica del suono, che spiega la motivazione della dimensione dei tasti, la posizione degli armonici, la tonalità e molto altro.[2]

Pertanto si consiglia allo studente di fare molta attenzione alle spiegazioni che vengono fatte d'ogni argomento, d'ogni elemento, d'ogni passaggio e d'ogni connessione matematica (e/o geometrica) di questi, non solo per comprendere profondamente la motivazione del perché un determinato accordo sia così e non in altro modo, ma anche per approfondire l'essenza e la matrice matematica di fondo.

Non fermatevi ad una semplice lettura. Cercate di fare vostro il contenuto del testo! E' facile ma fuorviante, scorrere le pagine del libro soffermandosi solo a guardare le figure, cercando di immaginare una possibile interpretazione. Un apprendimento attivo ha bisogno di essere interattivo: provate a pensare ad altri esempi ai quali potrebbe esse applicata la teoria di cui state seguendo l'esposizione.

Lo studio, più che quantitativo, dev'essere qualitativo: ciò che importa veramente è la costanza, la perseveranza, la volontà e la precisione; dopo di ché è possibile far subentrare con la debita passione i ritmi stacanovistici dove bisogna allenare forza, velocità e ritmo.

E' meglio organizzare il proprio studio ripartendolo in alcune decine di minuti, ma quotidiane! Si badi che anche nella Musica la lontananza è come il vento.

In conclusione di questa breve digressione, si consiglia sempre si ascoltare le indicazioni dell'Insegnante che segue lo studente ai fini d'avere un'ottimizzazione dei risultati ricondotti al programma didattico di questo Manuale. Lo studio della Musica è un esercizio per il corpo e per la mente, che aiuta ad avere dimestichezza con lo strumento ed elasticità nel pensiero in ogni altra disciplina, ma se non lo si coltiva, finisce per restare una semplice esperienza di sterile studio fine a sé stesso.

La Musica va vissuta sino in fondo, conoscerla e riscoprirla continuamente, per esprimersi con una marcia in più nei confronti di chiunque. Questo Manuale si pone principalmente questo obiettivo.

Auguro dunque a tutti una buona lettura e soprattutto un buono studio!

---

acquisire con una lunga pratica musicale, è solo con l'aiuto della matematica che le mie idee si sono sistemate e che la luce ne ha dissipato le oscurità".

[2] Agostino - De Musica, cap VI, par. 17,57: *"Da dove, ti prego, vengono queste cose, se non dal sommo ed eterno principio dei numeri, della similitudine, dell'uguaglianza e dell'ordine? Ma se toglierai queste cose dalla terra non sarà più nulla."*

2. POSIZIONE DELLE MANI SUL BASSO

Questa qui di seguito è l'impostazione consigliata per lo studio della ritmica e della solistica per basso in posizione seduta. Data la libertà e lo svincolo dai canoni della musica classica ognuno è libero di assumere l'impostazione più comoda, ma per una corretta ed ottimale esecuzione si consiglia di seguire i consigli qui di seguito.

A differenza della Impostazione da assumere nello studio della Chitarra Classica (come genere musicale), nello studio del basso ritmico ed elettrico non vi è una particolare posizione ferrea da rispettare, con determinati canoni e simmetrie, ma vi è comunque un certo livello di precisione.

Il fianco concavo del basso (che dirige il manico verso sinistra) poggia sulla gamba destra, senza poggiapiedi, né inclinazioni particolari, ma non deve sussistere spazio aperto tra fianco del basso e gamba; la schiena deve stare dritta, così come il collo e la testa.

La mano destra (in cui da pollice ad anulare le dita prendono i nomi di: p, i, m, a) tiene il plettro tra pollice ed indice rivolgendo la punta verso le corde: il movimento sussiste solo nella rotazione del polso, e solo in particolari pennate decisamente movimentate sarà interessata anche la rotazione del gomito (considerando che il braccio poggia sul fianco superiore del basso, e l'avambraccio è chiuso e rivolto verso il centro dello strumento); oppure possono essere utilizzate le quattro dita sopra citate così come nella Chitarra Classica.

La mano sinistra è quella che ci interessa particolarmente: le dita (da indice a mignolo) prendono i nomi di 1, 2, 3, 4. Il pollice non viene utilizzato se non per acquisire stabilità: sotto certi aspetti è molto importante in quanto senza la presenza del pollice non si avrebbe quella fermezza nella impugnatura necessaria per la corretta pressione delle altre dita sulle corde (soprattutto in caso di barré).

Nella solistica ogni dito, se da un canto gode di uno spazio privilegiato sulla tastiera che non deve condividere con nessun'altro dito, dall'altro deve rigidamente contenersi entro il proprio tasto senza lasciare tasti inoccupati, né tanto meno toccare l'asticella metallica che divide un tasto dall'altro chiamata "fret".

Il pollice sta in coincidenza del dito medio, e nascosto dietro al manico della chitarra, anche quando tale dito (medio) non è utilizzato nell'accordo o nella scala, ed anche quando c'è da eseguire un barré, il pollice non deve spostarsi né in coincidenza dell'indice, né in coincidenza delle altre due dita, per questioni di equilibrio: il medio è il baricentro delle quattro dita in quanto la forza scaturita dall'indice è pressoché pari a quella scaturibile da anulare e mignolo insieme (p.es.:

qualora la mano sinistra dovesse assumere una posizione tale da porre l'indice al primo tasto, il pollice starà in coincidenza del secondo).

I polpastrelli delle dita sulla tastiera devono poggiare perpendicolarmente, a "martelletto" in modo da creare tra la tastiera e l'unghia un angolo di 90° rivolto verso l'esecutore o studente.

Il barré è un elemento fondamentale dello studio della ritmica, e uno dei primi ostacoli da superare: la posizione che deve assumere l'indice nel barré deve essere di completa rigidità, poiché per poter riuscire a intercettare tutte e quattro le corde è necessario che non si creino curvature nel dito, e soprattutto tra nocca e punta del dito deve potersi poggiare una qualsiasi matita o righello potendo toccare le due estremità senza curve o dislivelli.

Sussidiariamente è sempre possibile adoperare le medesime posizioni per lo studio dello strumento indicate nella Chitarra Classica, sia per chi abbia già tale impostazione (non volendo contaminarla), sia per chi per eleganza la preferisca a questa (più comoda).

3. LE DODICI NOTE MUSICALI

In musica, un'**ottava** è l'intervallo tra una nota musicale ed un'altra, con lo stesso nome, la cui frequenza è doppia. L'ottava è il secondo intervallo più semplice in musica, dopo l'unisono. Nella scala cromatica, la distanza è di dodici note. Nella scala diatonica, l'ottava è distante sette note. L'ottava, nel sistema musicale occidentale, è divisa in dodici semitoni; due semitoni compongono un tono.

OTTAVA PIANOFORTE:

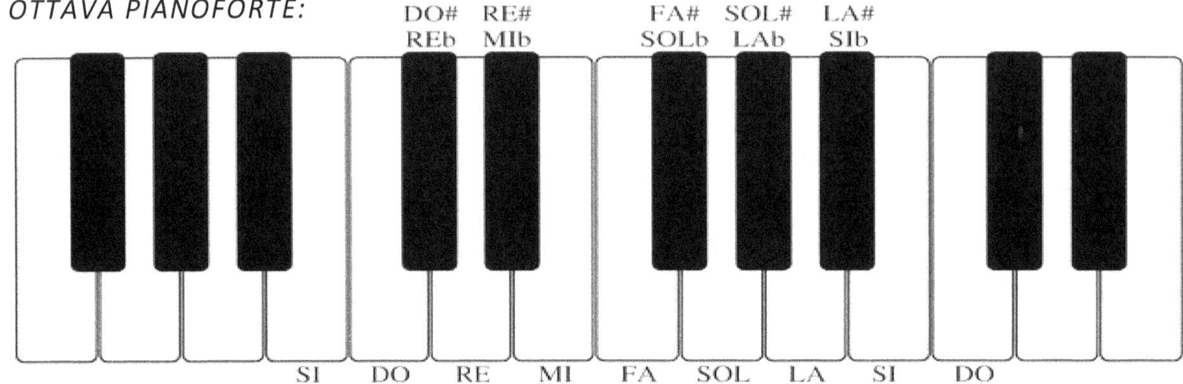

L'ottava del pianoforte è formata da sette tasti bianchi e cinque (# e b) tasti neri, quindi dodici semitoni o sei toni. Ci riferiamo a quell'intervallo da DO a SI procedendo di un semitono per volta:

OTTAVA BASSO:

Nella chitarra l'ottava è formata da dodici tasti scanditi da punti sulla tastiera, con riferimento delle quattro corde SOL RE LA MI, che all'aumentare dei tasti ne aumentano i semitoni:

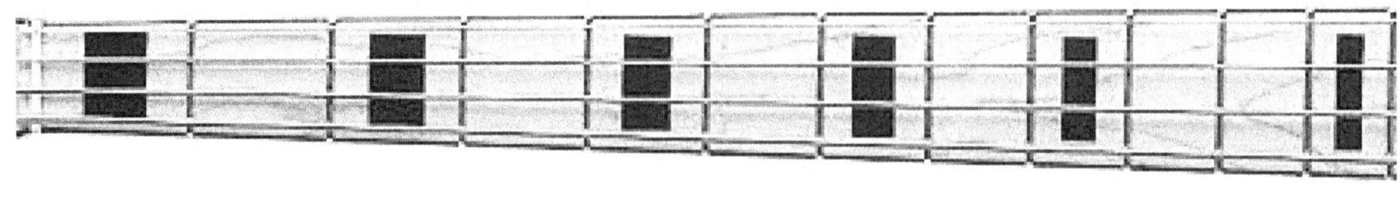

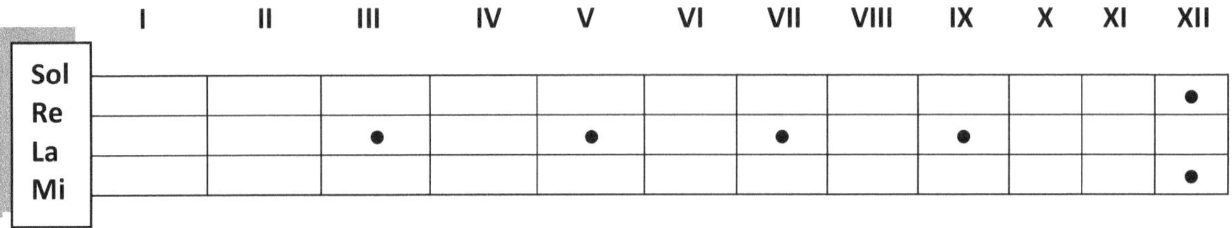

4. CICLICITA' DEI RAPPORTI FRA LE NOTE

Per la costituzione degli accordi può essere utilizzato un meccanismo molto semplice che si fonda tanto su principi matematici, quanto geometrici, ovviamente risultante dalla disposizione riorganizzata delle note secondo uno schema logico e non cromatico. Questo meccanismo prende il nome di ciclo, il quale ha come più completa ed esauriente espressione nel ciclo (o circolo) delle quinte (giuste).

CICLO DELLE QUINTE GIUSTE (e delle quarte giuste)

Il ciclo delle quinte prevede una disposizione dodecagonale delle note intorno ad una corrispettiva forma geometrica secondo l'ordine delle quinte giuste o dominanti.

- Procedendo **in senso orario** (da notare il riferimento all'orologio analogico) troviamo in sequenza la quinta giusta o dominante di ogni nota: il Sol è la dominante del Do, il Re la dominante del Sol, e così via.
- Procedendo **in senso antiorario** invece si trova la sequenza della quarta giusta o sottodominante di ogni nota, che è necessaria per costituire l'accordo di quarta: il Fa è la sottodominante del Do, il La# è la sottodominante del Fa, e così via.

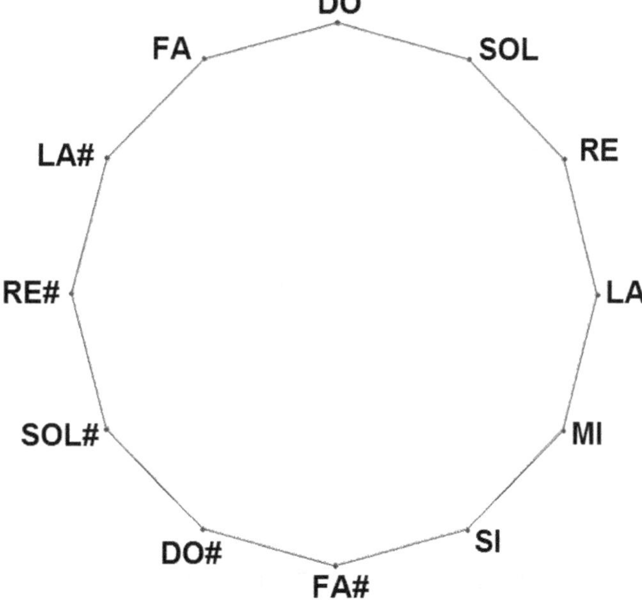

Dal ciclo delle quinte sono estraibili altri vari cicli che servono alla rilevazione di ulteriori rapporti (Es. terza maggiore, terza minore, settima minore, seconda maggiore, sesta maggiore, sesta minore) per la conseguente costruzione delle varie sfumature dell'accordo.

CICLO DELLE SECONDE MAGGIORI (e delle settime minori)

Per la comprensione di tale ciclo bisogna seguire un ragionamento matematico-geometrico necessario per il raggiungimento della soluzione del problema.
Il consueto dodecagonale Ciclo delle quinte si sdoppia in due esagonali cicli che prendono il nome di "Cicli delle seconde maggiori".

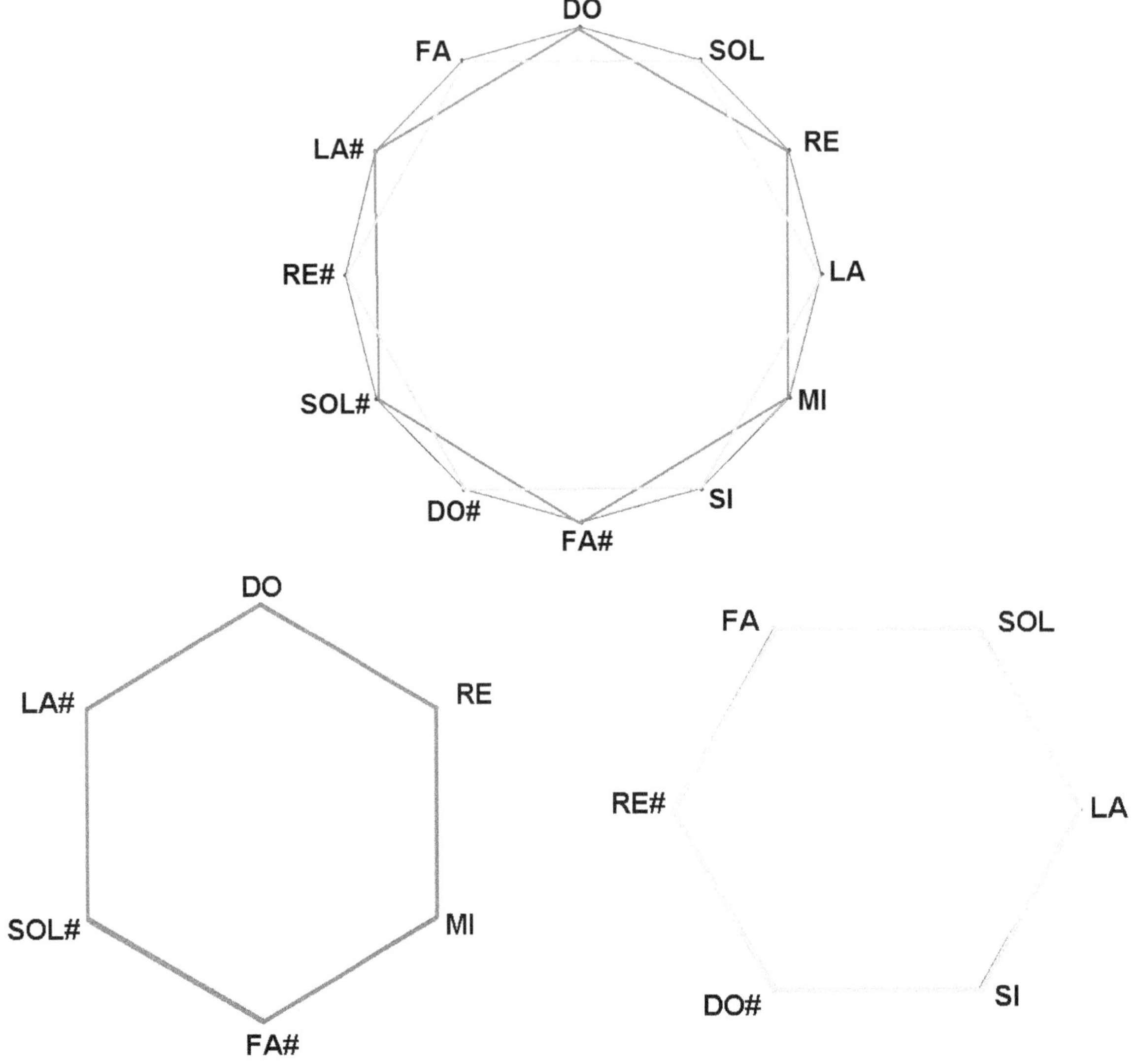

- In **senso orario**, in entrambi gli esagoni, troviamo in sequenza la seconda maggiore di ogni nota: il Re è la seconda maggiore del Do, il Sol è la seconda maggiore del Fa, e così via.
- In **senso antiorario**, in entrambi gli esagoni, troviamo, con maggiore interesse, in sequenza la settima minore di ogni nota, che ci permette di costituire gli accordi di settima: il La# è la settima minore del Do, il Re# è la settima minore del Fa, e così via.

CICLO DELLE TERZE MAGGIORI (e delle seste minori)

Innanzitutto il ciclo delle terze maggiori vede in sé una suddivisione in quattro sottocicli distinti che, ognuno per sé come una famiglia, è un ciclo di terza maggiore. Le quattro famiglie (che in seguito vedremo essere triangoli equilateri) nascono da:

- o una doppia suddivisione del nostro dodecagono d'origine (il ciclo delle quinte) in due esagoni distinti (cicli delle seconde maggiori) e poi ogni esagono a sua volta in due, componendo i triangoli equilateri consistenti nei cicli delle terze maggiori;
- o in una divisione in quattro triangoli equilateri del nostro dodecagono d'origine.

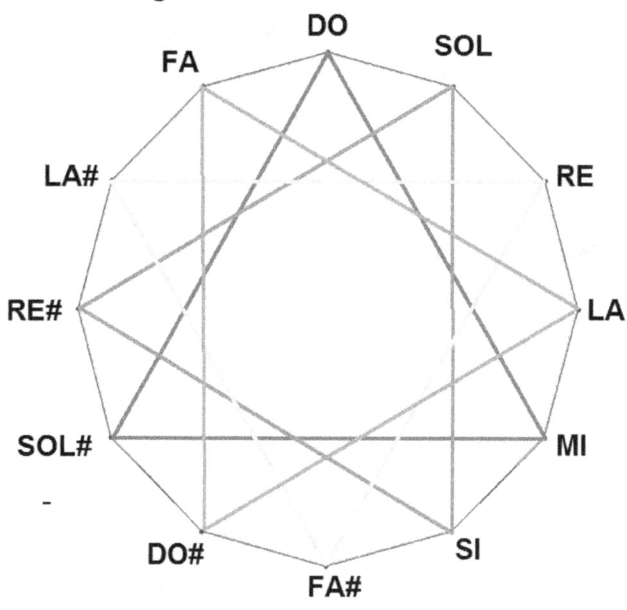

- **In senso orario** troviamo in ogni triangolo equilatero l'intervallo di terza maggiore di ogni nota, necessario per costituire gli accordi maggiori: Il Mi è la terza maggiore del Do, il Sol# è la terza maggiore del Mi, il Do è la terza maggiore del Sol#, e così via negli altri triangoli.

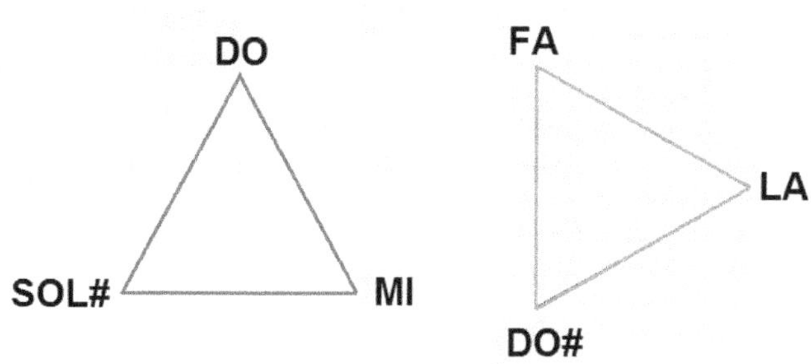

- **In senso antiorario** troviamo in ogni triangolo l'intervallo di sesta minore di ogni nota: il Fa è la sesta minore del La, che a sua volta lo è del Do# e così via per tutti i triangoli.

CICLO DELLE SESTE MAGGIORI (e delle terze minori)

Il ciclo delle terze minori è inquadrabile in tre quadrati uguali estraibili dal nostro dodecagono d'origine; ogni quadrato, contenente quattro note, compone a sé una famiglia che si distingue dalle altre due.

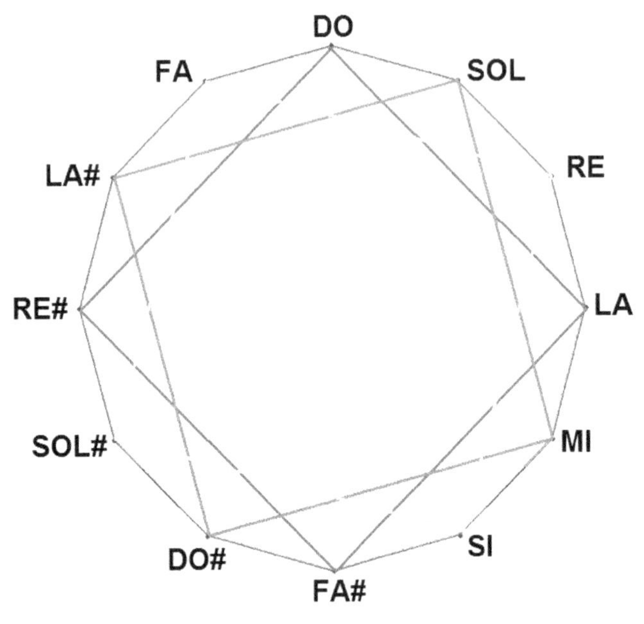

- **In senso orario** troviamo in ogni quadrato l'intervallo di sesta maggiore di ogni nota: il La lo è del Do, il Do lo è del Re#, il Re# lo è del Fa# il Fa# lo è del La, e così vale per gli altri quadrati.

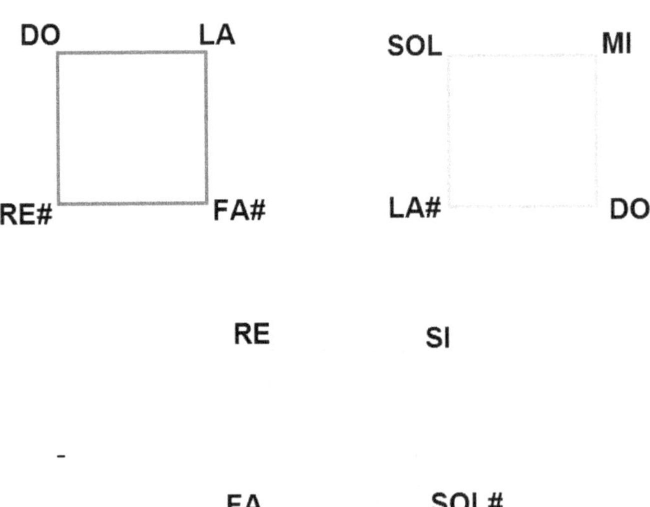

- **In senso antiorario** troviamo in ogni quadrato l'intervallo di terza minore di ogni nota, necessario per costituire gli accordi minori: Il Re# è la terza minore del Do, il Do è la terza minore del La, il La è la terza minore del Fa#, il Fa# è la terza minore del Re#, e così via negli altri quadrati.

CICLO DELLE SETTIME MAGGIORI (e delle seconde minori)

Il ciclo delle settime maggiori e delle seconde minori, a differenza dei precedenti cicli, presenta l'anomalia (simile al ciclo delle quinte giuste e delle quarte giuste) di avere una sola figura geometrica: in questo caso una stella dodecagonale non scomponibile in immagini più piccole (come ad es. il ciclo delle terze maggiori e delle seste minori) che parte e termina nello stesso punto.

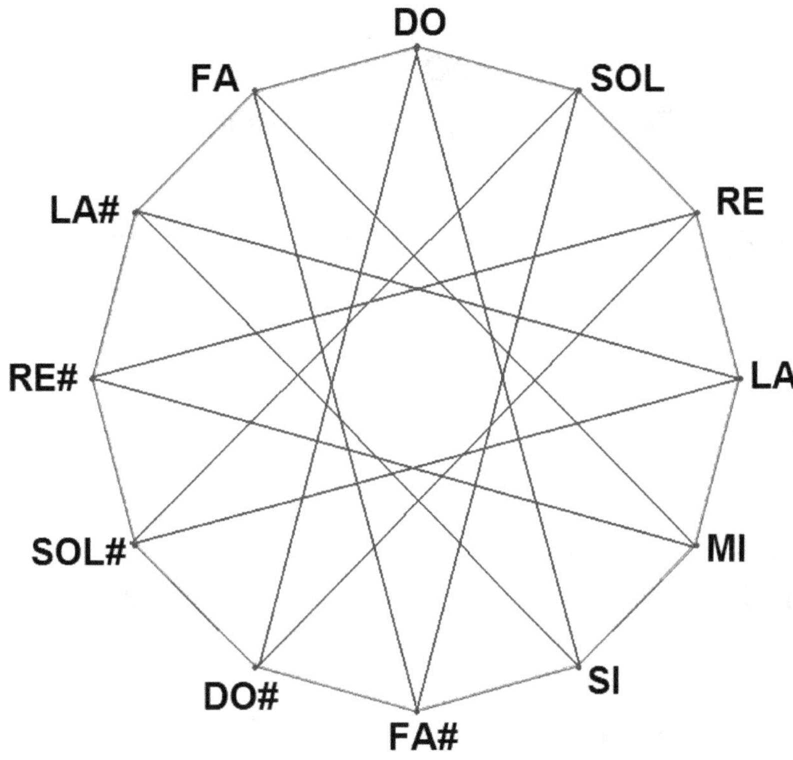

- **In senso orario** si possono riscontrare i rapporti di settima maggiore di cui ogni nota è il semitono precedente: così sarà ad esempio il Si settima maggiore di Do, il Do di Do#, il Re di Do#, e così via.
- **In senso antiorario** si possono riscontrare per simmetria i rapporti di seconda minore di cui ogni nota è il semitono successivo: così sarà ad esempio il Do del Do#, il Do# del Re, il Re del Re#, e così via.

CICLO DELLE QUARTE AUMENTATE O DELLE QUINTE DIMINUITE

Il ciclo delle quarte aumentate o delle quinte diminuite differisce con tutti i cicli precedenti: presenta sei figure a forma di semplice segmento e non presenta alcuna differenza tra il senso orario ed il senso antiorario in quanto il rapporto è il medesimo. La distanza tra la "Prima o Tonica" e la nota di tale rapporto è di sei semitoni, cioè di tre semplici toni. Le note si dispongono solo a coppia:

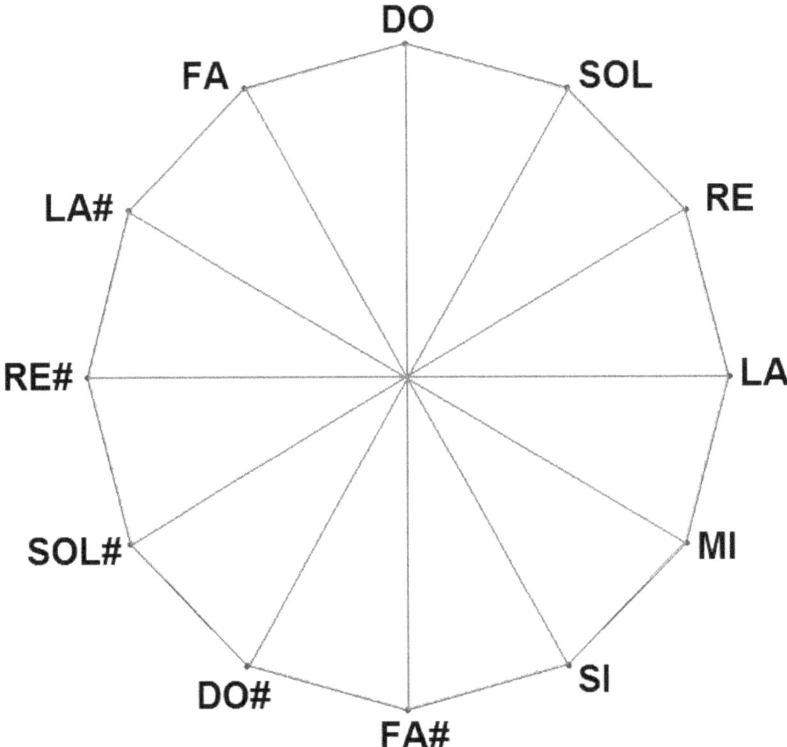

- **In senso unico** il Fa# è quarta aumentata o quinta diminuita del Do e viceversa, così anche per Sol e Do#, Re e Sol#, La e Re#, Mi e La#, Fa e Si. Il senso è unico e solo in quanto reciproco e non vi è differenza di rapporto se lo si osserva in senso contrario. Il rapporto di quarta aumentata o quinta diminuita si trova precisamente in mezzo tra il minore rapporto che è quello di seconda minore, ed il maggiore che è di settima maggiore.

5. TONALITA' DEI RAPPORTI FRA LE NOTE

Questa tabella consiste nella determinazione dei rapporti delle note con il Do, preso in questo caso come punto di riferimento standard. Una volta raggiunta la "settima maggiore" quale undicesimo semitono dopo il Do, si ha nuovamente il Do in "ottava (giusta)" alta, e ciò che era "seconda minore" quale Do# un semitono dopo il Do, al tredicesimo semitono prende il nome di "nona minore". Tale configurazione può essere determinata quindi in due ottave fino al raggiungimento della "Quindicesima alta" che non è altro che, in questa caso, un Do.

1	DO	Prima TONICA	Ottava (giusta) TONICA	
2	DO#	Seconda Minore	Nona Minore	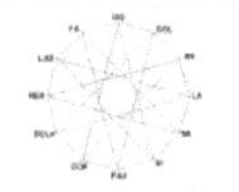
3	RE	Seconda Maggiore	Nona Maggiore	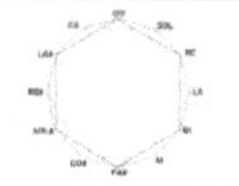
4	RE#	Terza Minore	Decima Minore	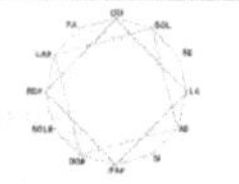
5	MI	Terza Maggiore	Decima Maggiore	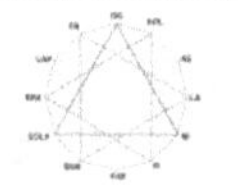
6	FA	Quarta (Giusta) Sottodominante	Undicesima (Giusta) Sottodominante	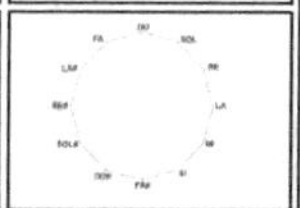
7	FA#	Quarta Aumentata Quinta Diminuita	Undicesima Aumentata Dodicesima Diminuita	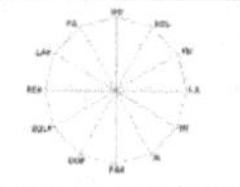
8	SOL	Quinta (Giusta) Dominante	Dodicesima (Giusta) Dominante	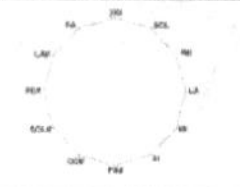
9	SOL#	Quinta Aumentata Sesta Minore	Dodicesima Aumentata Tredicesima Minore	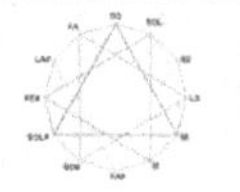
10	LA	Sesta Maggiore	Tredicesima Maggiore	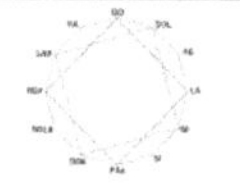
11	LA#	Settima Minore	Quattordicesima Minore	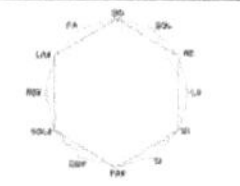
12	SI	Settima Maggiore	Quattordicesima Maggiore	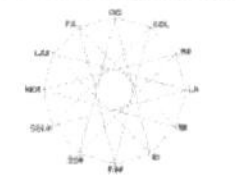

6. RITMICA BASSISTICA

In questa sezione del manuale è affrontato l'argomento "Ritmica" col quale si vuole indicare quella grande categoria disciplinare all'interno della quale figurano innanzitutto i giri armonici, la costruzione degli accordi, lo slapping.

Gli accordi ed i giri armonici sono eseguibili quasi esclusivamente con la tecnica di slap, di cui in seguito vi è trattamento.

E' difficile trovare accordi e giri armonici (in un numero così elevato) così come in questo manuale, frutto di una elaborazione desunta dallo studio degli accordi di chitarra a sei corde.

Dodici sono i giri armonici presenti, più l'andamento blues generico a fine sezione fondato sui rapporti di Dominante e Sottodominante.

Anche se alcuni accordi sembrano ineseguibili, costituiscono l'unica (o quasi se escludiamo i metodi a media ed alta tastiera) possibilità di composizione per accordi in prima posizione.

La costruzione degli accordi mira alla comprensione della loro fisionomia costitutiva, alla configurazione armonica dettata dalle pillole di teoria presenti nella prima sezione "Le Dodici Note Musicali", segnatamente dalla ciclicità.

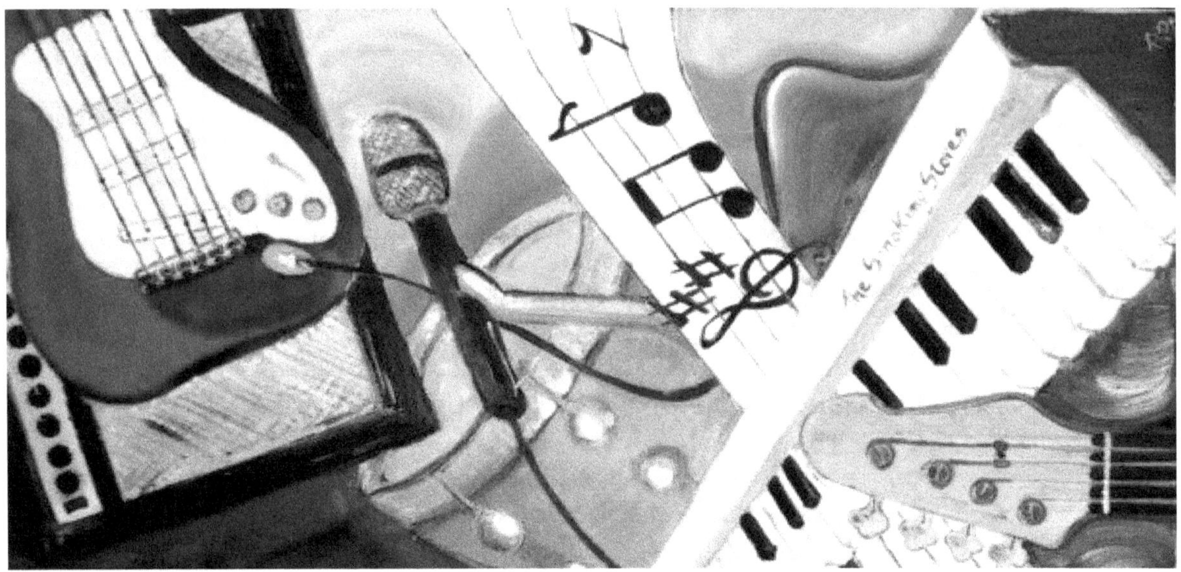

7. GIRI ARMONICI (Standard)

Prima serie

Il giro armonico (uno per ogni nota dell'ottava) è una impalcatura sulla quale si costruisce l'andamento della melodia; è un costrutto convenzionale per l'apprendimento facile e veloce "universale" conosciuto da tutti musicisti, ed utilizzato anche come base per le improvvisazioni, oltre a canzoni conosciute ed orecchiabili. Ogni giro armonico prende il nome del suo primo accordo, e segue sempre lo schema:

Maggiore	
Minore	3 semitoni più basso rispetto al primo accordo
Minore	2 semitoni più alto rispetto al primo accordo
Maggiore settima	5 semitoni più basso rispetto al primo accordo

Il che comporta:

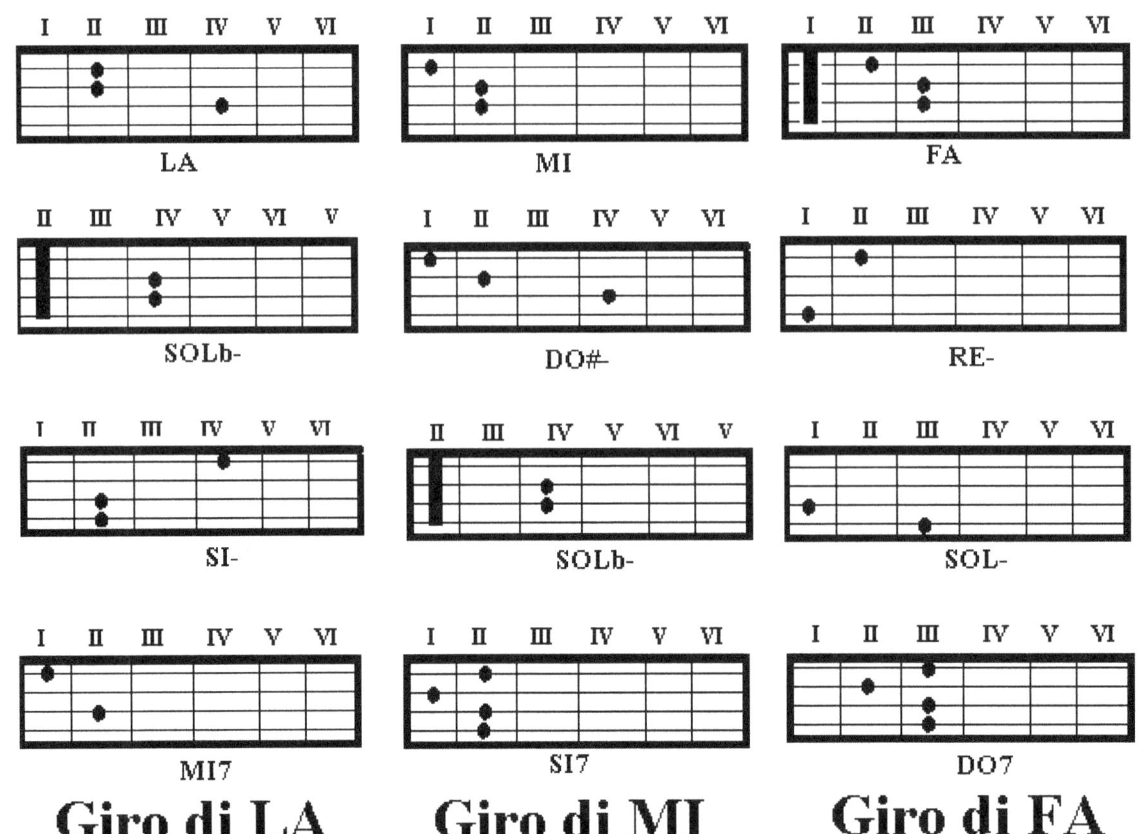

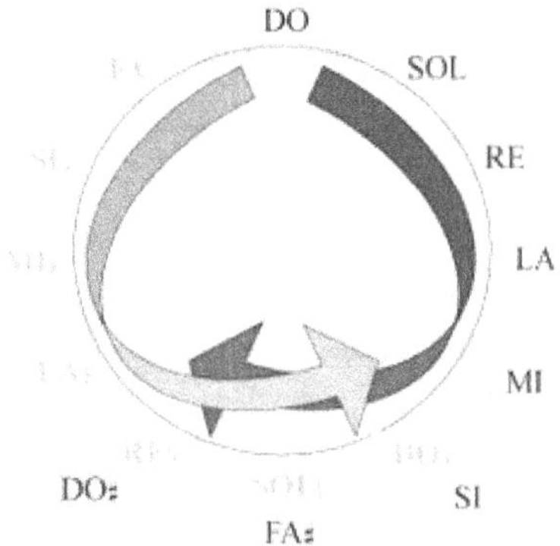

Questi sono solo alcuni dei giri armonici (Prima serie) e mancano da questo elenco i giri più complessi appartenenti alla "Seconda serie" per i quali necessita non solo una conoscenza più ampia dell'argomento ma anche un'ancora più consolidata tecnica esecutiva del barrè. I giri armonici si presentano in realtà con schema diverso seguendo il ciclo delle quinte così come nell'immagine accanto (ciclo delle quinte), e così come nella tabella qui sotto (Giri armonici secondo il ciclo).

Do	Sol	Re	La	Mi	Si	Fa#	Do#	Sol#	Re#	La#	Fa
La-	Mi-	Si-	Fa#-	Do#-	Sol#-	Re#-	La#-	Fa-	Do-	Sol-	Re-
Re-	La-	Mi-	Si-	Fa#-	Do#-	Sol#-	Re#-	La#-	Fa-	Do-	Sol-
Sol7	Re7	La7	Mi7	Si7	Fa#7	Do#7	Sol#7	Re#7	La#7	Fa7	Do7

Do# = Reb Re# = Mib Fa# = Solb Sol# = Lab La# = Sib

8. COSTRUZIONE ACCORDI MAGGIORI SULLA TASTIERA

Gli accordi sulla tastiera si costruiscono basandosi sullo schema di accordi definiti in prima posizione. Mi, Sol. Da qui nasce il barré, quell'elemento degli accordi che serve all'elevazione della tonalità. Per quanto riguarda il MI, è facilmente deducibile che alzando di un semitono, quindi aggiungendo il barré, si ottiene l'accordo di FA, la stessa cosa vale per il Do, il Sol.

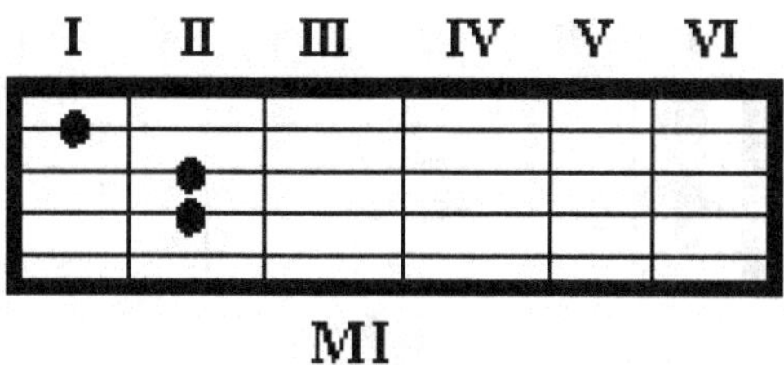

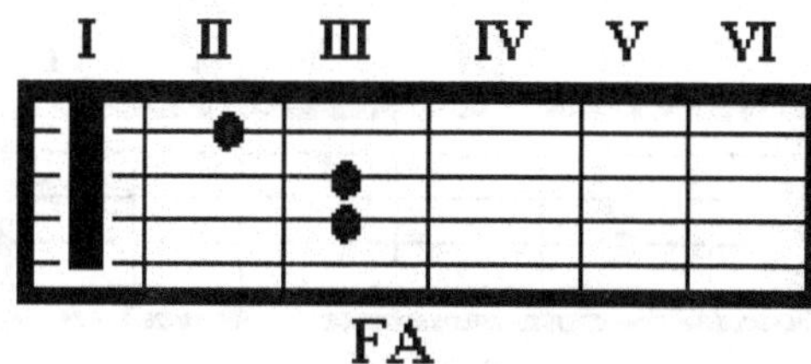

Così proseguendo, aumentando sempre di un semitono, si raggiunge il FA#, poi il SOL, SOL#, LA, e così via. Un punto di riferimento, oltre ai cerchietti disegnati sulla tastiera che scandiscono l'ottava, sono le note della Mi, che vengono intercettate premendo il barrè su di esse: in posizione di FA maggiore l'indice della mano sinistra preme il Fa che si trova al primo tasto della corda; quindi ad ogni accordo corrisponde la nota intercettata dall'indice.

Per gli accordi costruiti in posizione di Do la tecnica è la medesima, avendo come riferimento la terza corda (La):

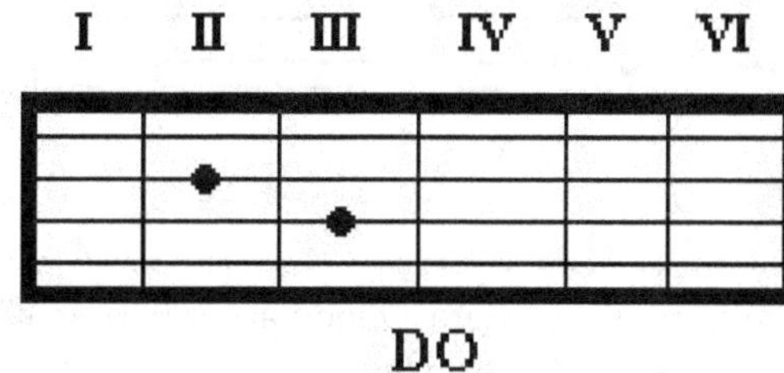

E così via proseguendo di un semitono al Do#, Re, Re#, Mi, Fa, etc.

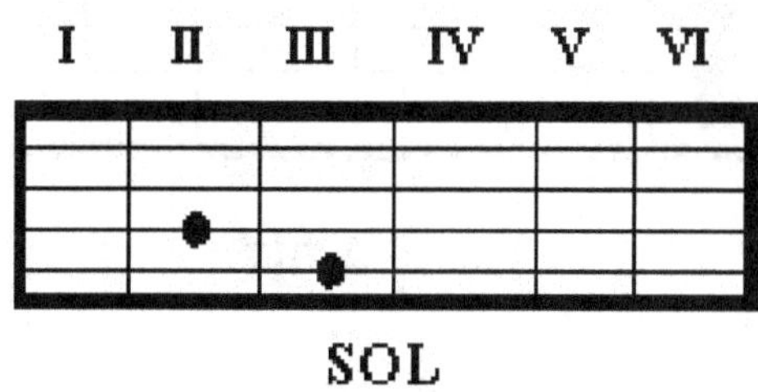

Lo stesso concetto è valido per gli accordi con la forma del Sol: aggiungendo un tasto si aggiunge un semitono e si usa come punto di riferimento il dito (mignolo) che intercetta la nota tonica sulla la quarta corda (Mi), volta per volta.

9. COSTRUZIONE ACCORDI MINORI SULLA TASTIERA

Così come è stato detto per gli accordi maggiori vale per gli accordi minori: Il MIm, aggiungendo un semitono, diventerà FAm, FA#m, SOLm, etc.

Il punto di riferimento non può che essere la nota (tonica) intercettata dal barré (mancante sull'accordo Mi), volta per volta.

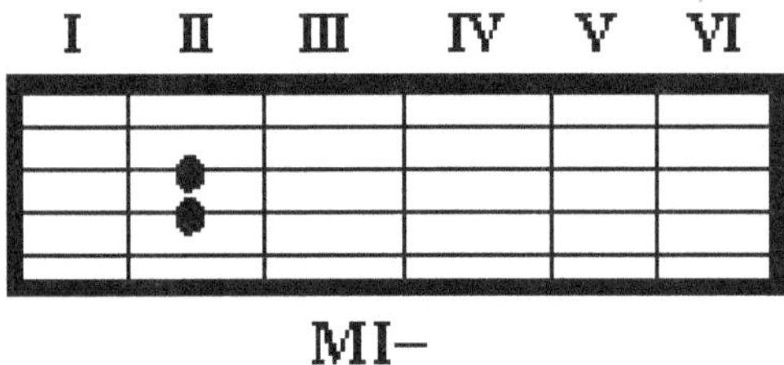

MI–

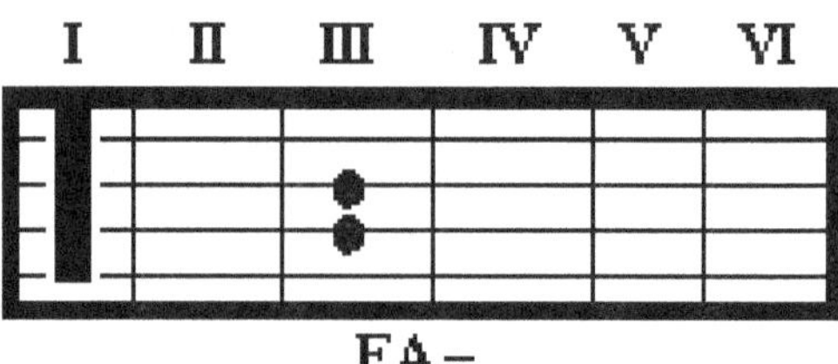

FA–

E allo stesso modo Rem più un semitono diventerà Re#m, poi Mim, poi Fam e così via

Il punto di riferimento per questo accordo non può che essere la nota (tonica) intercettata dall'indice (barré, assente nell'accordo base: Re-) nella seconda corda (Re).

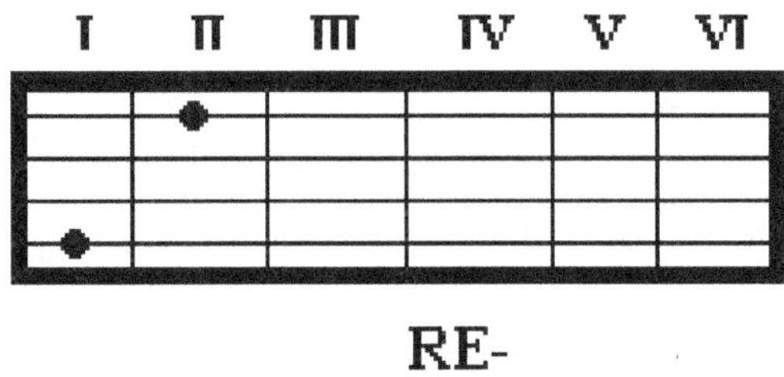

RE-

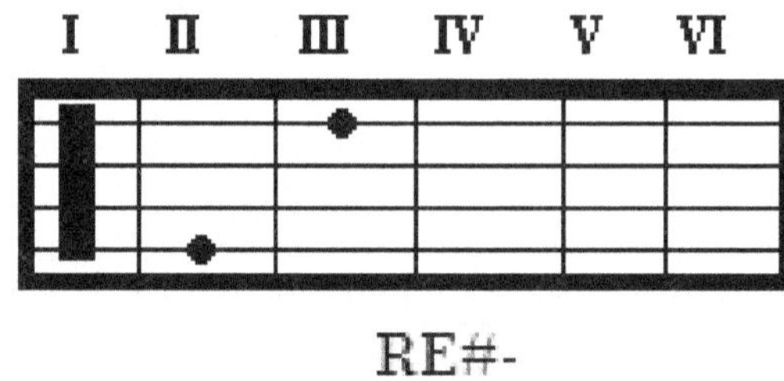

RE#-

Altrettanto facile è comprendere la costruzione degli accordi minori sulla tastiera avendo accordo base il Sol-, e come punto di riferimento (così come il Sol) il dito (mignolo) che intercetta la nota tonica sulla la quarta corda (Mi), volta per volta.

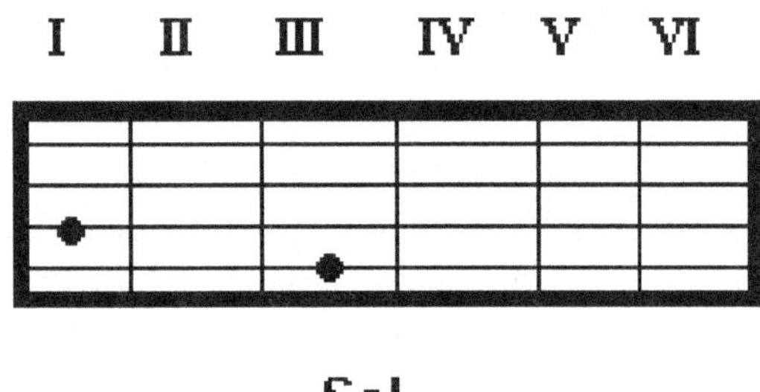

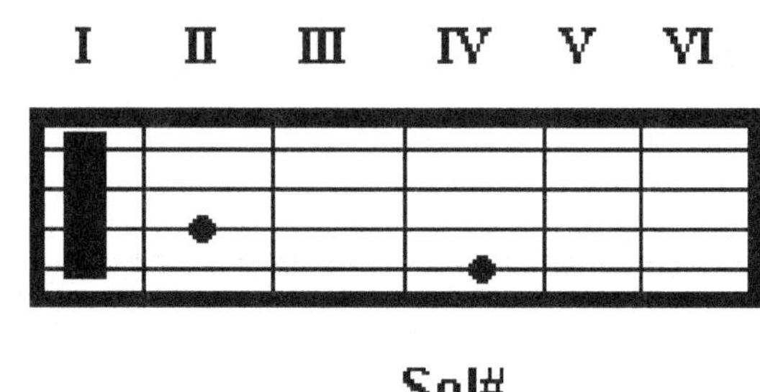

Sol-

Sol#-

10. COSTRUZIONE ACCORDO

Maggiore

Allegro, pieno di vitalità: formato, nell'ottava musicale, dal 1° semitono, 5° semitono, e 8° semitono; che in toni si traduce 1 Prima o Tonica, 3 Terza maggiore, 5 Quinta giusta o Dominante. Presente al 1° posto nel giro armonico dal quale accordi prende il nome.

Maggiore	1	3	5
Do =	do	Mi	sol
Do# =	do#	Fa	sol#
Re =	re	fa#	La
Re# =	re#	Sol	la#
Mi =	mi	sol#	si
Fa =	fa	La	do
Fa# =	fa#	la#	do#
Sol =	sol	Si	Re
Sol# =	sol#	Do	re#
La =	la	do#	mi
La# =	la#	Re	Fa
Si =	si	re#	fa#

Minore

Malinconico, ma intenso: formato, nell'ottava musicale, dal 1° semitono, 4° semitono, e 8° semitono; che in toni si traduce 1 Prima o Tonica, 3m Terza minore, 5 Quinta giusta o Dominante. Presente al 2° e 3° posto nel giro armonico.

Minore	1	3m	5
Do- =	Do	re#	sol
Do#- =	do#	Mi	sol#
Re- =	Re	Fa	La
Re#- =	re#	fa#	la#
Mi- =	Mi	Sol	si
Fa- =	Fa	Sol#	do
Fa#- =	fa#	La	do#
Sol- =	Sol	La#	Re
Sol#- =	sol#	Si	re#
La- =	La	Do	mi
La#- =	la#	do#	Fa
Si- =	Si	Re	fa#

11. COSTRUZIONE ACCORDO SETTIMA

Maggiore Settima

Sfumatura molto utilizzata con colore ironico: formato, nell'ottava musicale, dal 1° semitono, 5° semitono, 8° semitono, e 11° semitono (un tono sotto la tonica); che in toni si traduce 1 Prima o Tonica, 3 Terza maggiore, 5 Quinta giusta o Dominante,7m Settima minore. Presente al 4° ed ultimo posto nel giro armonico.

Maggiore7	1	3	5	7m
Do7 =	do	Mi	sol	la#
Do#7 =	do#	Fa	sol#	Si
Re7 =	re	fa#	la	Do
Re#7 =	re#	Sol	la#	do#
Mi7 =	mi	sol#	si	Re
Fa7 =	fa	La	do	re#
Fa#7 =	fa#	la#	do#	Mi
Sol7 =	sol	Si	re	Fa
Sol#7 =	sol#	Do	re#	fa#
La7 =	la	do#	mi	Sol
La#7 =	la#	Re	fa	sol#
Si7 =	si	re#	fa#	La

Minore Settima

Sfumatura con colore sofisticato e sottile : formato, nell'ottava musicale, dal 1° semitono, 4° semitono, 8° semitono, e 11° semitono (un tono sotto la tonica); che in toni si traduce 1 Prima o Tonica, 3m Terza minore, 5 Quinta giusta o Dominante, 7m settima minore. Non presente nel giro armonico.

Minore7	1	3m	5	7m
Do-7 =	Do	re#	sol	la#
Do#-7 =	do#	Mi	sol#	Si
Re-7 =	Re	Fa	La	Do
Re#-7 =	re#	fa#	la#	do#
Mi-7 =	Mi	Sol	si	Re
Fa-7 =	Fa	Sol#	do	re#
Fa#-7 =	fa#	La	do#	Mi
Sol-7 =	Sol	La#	Re	Fa
Sol#-7 =	sol#	Si	re#	fa#
La-7 =	La	Do	mi	Sol
La#-7 =	la#	do#	Fa	sol#
Si-7 =	Si	Re	fa#	La

Maggiore Settima aumentato

Sfumatura con colore sottile ma lievemente dissonante per la vicinanza della tonica con la settima maggiore: formato, nell'ottava musicale, dal 1° semitono, 4° semitono, 8° semitono, e 12° semitono (un semitono sotto la tonica); che in toni si traduce 1 Prima o Tonica, 3 Terza maggiore, 5 Quinta giusta o Dominante, 7 settima maggiore. Non presente nel giro armonico.

Maggiore7+	1	3	5	7
Do7+ =	Do	Mi	sol	Si
Do#7+ =	do#	Fa	sol#	Do
Re7+ =	Re	fa#	La	do#
Re#7+ =	re#	Sol	la#	Re
Mi7+ =	Mi	sol#	si	re#
Fa7+ =	Fa	La	do	Mi
Fa#7+ =	fa#	la#	do#	Fa
Sol7+ =	Sol	Si	Re	fa#
Sol#7+ =	sol#	Do	re#	Sol
La7+ =	La	do#	mi	sol#
La#7+ =	la#	Re	Fa	La
Si7+ =	Si	re#	fa#	La#

Minore Settima bemolle quinta o semidiminuiti

Formato, nell'ottava musicale, dal 1° semitono, 4° semitono, 7° semitono, e 11° semitono (un tono sotto la tonica); che in toni si traduce 1 Prima o Tonica, 3m Terza minore, 5 Quinta Diminuita o Quarta Aumentata, 7m settima minore. Non presente nel giro armonico.

Minore7bemolle5	1	3m	5d	7m
Do-7b5 =	Do	re#	Fa#	la#
Do#-7 b5 =	do#	mi	Sol	Si
Re-7 b5 =	Re	fa	sol#	Do
Re#-7 b5 =	re#	fa#	La	do#
Mi-7 b5 =	Mi	sol	la#	Re
Fa-7 b5 =	Fa	Sol#	Si	re#
Fa#-7 b5 =	fa#	la	Do	Mi
Sol-7 b5 =	Sol	La#	do#	Fa
Sol#-7 b5 =	sol#	si	Re	fa#
La-7 b5 =	La	do	re#	Sol
La#-7 b5 =	la#	do#	Mi	sol#
Si-7 b5 =	Si	re	Fa	La

12. COSTRUZIONE ACCORDI SESTA

Maggiore Sesta

Questo accordo non può differire di nulla dalla esecuzione degli accordi di Settima minore ma di nove semitoni più bassi: valgono le medesime considerazioni di sfumatura fatte per tale accordo ma con degli accorgimenti: formato, nell'ottava musicale, dal 1° semitono, 5° semitono, 8° semitono, e 10° semitono; che in toni si traduce 1 Prima o Tonica (6 Sesta maggiore), 3 Terza maggiore (1 Prima o Tonica), 5 Quinta giusta o Dominante (3 Terza maggiore) , 6 Sesta maggiore (5 Quinta giusta o Dominante) . Non presente nel giro armonico.

Maggiore6	1	3	5	6
Do6 =	Do	Mi	sol	La
Do#6 =	do#	Fa	sol#	la#
Re6 =	Re	fa#	La	si
Re#6 =	re#	Sol	la#	do
Mi6 =	Mi	sol#	si	do#
Fa6 =	Fa	La	do	Re
Fa#6 =	fa#	la#	do#	re#
Sol6 =	Sol	Si	Re	mi
Sol#6 =	sol#	Do	re#	Fa
La6 =	La	do#	mi	fa#
La#6 =	la#	Re	Fa	sol
Si6 =	Si	re#	fa#	sol#

Minore Sesta

Sfumatura con colore pungente e sottile : formato, nell'ottava musicale, dal 1° semitono, 4° semitono, 8° semitono, e 10° semitono ; che in toni si traduce 1 Prima o Tonica, 3m Terza minore, 5 Quinta giusta o Dominante, 6 settima maggiore. Non presente nel giro armonico.

Minore6	1	3m	5	6
Do-6 =	Do	re#	sol	La
Do#-6 =	do#	mi	sol#	la#
Re-6 =	Re	Fa	La	Si
Re#-6 =	re#	fa#	la#	Do
Mi-6 =	Mi	Sol	si	do#
Fa-6 =	Fa	Sol#	do	Re
Fa#-6 =	fa#	La	do#	re#
Sol-6 =	Sol	La#	Re	Mi
Sol#-6 =	sol#	Si	re#	Fa
La-6 =	La	Do	mi	fa#
La#-6 =	la#	do#	Fa	Sol
Si-6 =	Si	Re	fa#	sol#

13. COSTRUZIONE ACCORDI QUARTA (undicesima)

Maggiore Quarta (Undicesima)

Sfumatura con colore vivace e brillante: formato, nell'ottava musicale, dal 1° semitono, 5° semitono, 6° semitono, e 8° semitono; che in toni si traduce in 1 Prima o Tonica, 3 Terza maggiore, 4 Quarta giusta (11 undicesima giusta) o Sottodominante, 5 Quinta giusta o Dominante. Non presente nel giro armonico.

Maggiore4	1	3	4	5
Do4 =	Do	Mi	Fa	sol
Do#4 =	do#	Fa	fa#	sol#
Re4 =	Re	fa#	Sol	la
Re#4 =	re#	Sol	sol#	la#
Mi4 =	Mi	sol#	La	si
Fa4 =	Fa	La	la#	do
Fa#4 =	fa#	la#	Si	do#
Sol4 =	Sol	Si	Do	re
Sol#4 =	sol#	Do	do#	re#
La4 =	La	do#	Re	mi
La#4 =	la#	Re	re#	fa
Si4 =	Si	re#	Mi	fa#

Minore Quarta (Undicesima)

Sfumatura molto rara d'improvvisazione country: formato nell'ottava musicale dal 1° semitono, 4° semitono, 6° semitono, e 8° semitono; che in toni si traduce in 1 Prima o Tonica, 3m Terza minore, 4 Quarta giusta (11 undicesima giusta) o Sottodominante, 5 Quinta giusta o Dominante. Non presente nel giro armonico.

Minore 4	1	3m	4	5
Do-4 =	Do	re#	Fa	sol
Do#-4 =	do#	mi	fa#	sol#
Re-4 =	Re	fa	Sol	la
Re#-4 =	re#	fa#	sol#	la#
Mi-4 =	Mi	sol	La	si
Fa-4 =	Fa	Sol#	la#	do
Fa#-4 =	fa#	la	Si	do#
Sol-4 =	Sol	La#	Do	re
Sol#-4 =	sol#	si	do#	re#
La-4 =	La	do	Re	mi
La#-4 =	la#	do#	re#	fa
Si-4 =	Si	re	Mi	fa#

14. COSTRUZIONE ACCORDI SECONDA (nona)

Maggiore Seconda (Nona)

L'accordo maggiore seconda è formato nell'ottava musicale dal 1° semitono, 3° semitono, 5° semitono, e 8° semitono; che in toni si traduce in 1 Prima o Tonica, 2 Seconda maggiore (9 Nona maggiore), 3 Terza maggiore, 5 Quinta giusta o Dominante. Non presente nel giro armonico.

Maggiore2	1	2	3	5
Do2 =	Do	Re	Mi	Sol
Do#2 =	do#	Re#	Fa	sol#
Re2 =	Re	Mi	fa#	La
Re#2 =	re#	Fa	Sol	la#
Mi2 =	Mi	fa#	sol#	Si
Fa2 =	Fa	Sol	La	Do
Fa#2 =	fa#	sol#	la#	do#
Sol2 =	Sol	La	Si	Re
Sol#2 =	sol#	La#	Do	re#
La2 =	La	Si	do#	Mi
La#2 =	la#	Do	Re	Fa
Si2 =	Si	do#	re#	fa#

Minore Seconda (Nona)

L'accordo minore seconda è formato nell'ottava musicale dal 1° semitono, 3° semitono, 4° semitono, e 8° semitono; che in toni si traduce in 1 Prima o Tonica, 2 Seconda maggiore (9 Nona maggiore), 3m Terza minore, 5 Quinta giusta o Dominante. Non presente nel giro armonico.

Minore2	1	2	3m	5
Do-2 =	Do	Re	re#	Sol
Do#-2 =	do#	Re#	Mi	sol#
Re-2 =	re	Mi	Fa	La
Re#-2 =	re#	Fa	fa#	la#
Mi-2 =	mi	fa#	Sol	Si
Fa-2 =	fa	Sol	Sol#	Do
Fa#-2 =	fa#	sol#	La	do#
Sol-2 =	sol	La	La#	Re
Sol#-2 =	sol#	La#	Si	re#
La-2 =	la	Si	Do	Mi
La#-2 =	la#	Do	do#	Fa
Si-2 =	si	do#	Re	fa#

15. TONALITA' DEGLI ACCORDI

Gli accordi, come abbiamo potuto notare, hanno una loro specifica posizione della tastiera rispetto alle altre note ed agli altri accordi. Grazie alla loro determinatezza nell'ottava, si può riuscire a traslare questi accordi, modificandone la tonalità, ma mantenendone la struttura interna. Un accordo maggiore resta tale, ma può essere traslato da una tonalità di Mi ad una di Re, ed utilizzando come unità di misura il semitono, si dirà che questa traslazione equivale a "meno due semitoni", o semplicemente "-2".

0	Do	Re	Mi	Fa	Sol	La	Si
-1	Si	Do#	Mib	Mi	Fa#	Sol#	Sib
-2	Sib	Do	Re	Mib	Fa	Sol	La
-3	La	Si	Do#	Re	Mi	Fa#	Sol#
-4	Sol#	Sib	Do	Do#	Mib	Fa	Sol
-5	Sol	La	Si	Do	Re	Mi	Fa#
-6	Fa#	Sol#	Sib	Si	Do#	Mib	Fa
-7	Fa	Sol	La	Sib	Do	Re	Mi
-8	Mi	Fa#	Sol#	La	Si	Do#	Mib
-9	Mib	Fa	Sol	Sol#	Sib	Do	Re
-10	Re	Mi	Fa#	Sol	La	Si	Do#
-11	Do#	Mib	Fa	Fa#	Sol#	Sib	Do
-12	Do	Re	Mi	Fa	Sol	La	Si

PRINCIPALI SFUMATURE DELL'ACCORDO

Queste sono le principali sfumature dell'accordo trattate nel manuale, e per le quali vale ovviamente la stessa disciplina della traslazione di tonalità per gli accordi sopra.

MAGGIORE	MAGGIORE SETTIMA	MAGGIORE QUARTA	MAGGIORE SECONDA	MAGGIORE SESTA
MINORE	MINORE SETTIMA	MINORE QUARTA	MINORE SECONDA	MINORE SESTA

16. SPLAPPING

Lo **slapping** (o **slap**) è una tecnica specifica degli strumenti a corda (in particolare basso elettrico), nata negli Stati Uniti nell'ambito della musica afroamericana, in cui si alternano "strappi" e percussioni con il pollice alle corde di uno strumento. Conosciuto anche come "thumb slap e pop (o pull) technique", consiste nel percuotere con il pollice *(thumb slap)* e tirare *(pull* o *pop)* con la mano destra (la sinistra per i mancini) le corde, dando uno stile ritmico. A questi due colpi vengono accorpati altri abbellimenti usati nel pizzicato e in altre tecniche: il legato ascendente (hammer on) o discendente (pull off), il glissato (slide), le note stoppate (mute, ghost o dead notes), bicordi, etc.

Questo stile esalta il ruolo del basso nella sua funzione ritmica, integrando in modo stretto la batteria. Prevalentemente usato nel basso (o contrabbasso) e sfruttato anche nella chitarra. Gli stili musicali che ne fanno più uso sono il jazz il funk e le sue derivazioni funk rock, ma anche i più nuovi generi nu metal ed emo-core oltre alcuni ritmi afro-americani.

P = Sbattere sulle corde con il pollice
i = strappare la prima corda
- = L'indicazione vale il doppio del tempo

P - P - P - P	**Slap semplice** **4/4**
P - i - P - i -	**Slap semplice alternato** **2/4**
P i P i P i P i	**Slap doppio alternato** **2/4**
P – P i i – P i	**Slap misto** **4/4**

17. GIRO ARMONICO BLUES

Il giro armonico blues è caratterizzato soprattutto dalla posizione degli accordi, che si possono raggruppare i tre gruppi: accordi di **Tonica, Sottodominante, Dominante.** Avremo quindi una composizione strutturale dove gli accordi sono posizionati secondo una precisa forma, come possiamo vedere nel riquadro sottostante.

Tonica			
Sottodominante		**Tonica**	
Dominante		**Tonica**	

Adattando il tutto ad una tonalità, per esempio quella di Do maggiore, possiamo valutarne in modo più preciso la relazione tra gli accordi. Avremo quindi questi tre accordi: accordo di **Do** (Tonica), di **Fa** (Sottodominante), **Sol** (Dominante). Un particolare di enorme importanza è nella caratteristica armonica di un accordo nel blues che, nella maggior parte dei casi, viene considerato come **accordo di settima**. Tutto ciò ha un influenza fondamentale nell'approccio melodico e armonico al blues. Non servirebbe dirlo, ma questo, ovviamente, vale per tutte le tonalità. Vediamo quindi come viene strutturato un blues in tonalità di Do.

Do			
Fa7		**Do**	
Sol7		**Do**	

La variazione più usuale, che in fondo è maggiormente utilizzata anche della forma base, prevede l'utilizzo dei gradi in un contesto armonico più ricco, mettendo, ad esempio, la sottodominante nella seconda battuta e variandone il chorus in altri punti, come potete vedere nello schema sottostante. Questa è la struttura del blues a 12 battute più classica. E' anche opportuno prendere confidenza con una determinata terminologia anglosassone, e per questo motivo possiamo definire la struttura seguente con il nome **twelve bar blues**.

Do	**Fa7**	**Do**	
Fa7		**Do**	
Sol7	**Fa7**	**Do**	**Sol7**

18. SOLISTICA BASSISTICA

E' il ramo della disciplina bassistica che vanta un'antologia infinita ed una tecnica altrettanto estesa. Conoscere le tecniche più virtuose di questo strumento è il sogno di ogni buon bassista. In questa sezione del manuale sono trattati gli argomenti: "Scale" (in tablatura e diteggiatura), "Legatura", "Vibrato", "Traslato".

19. TABLATURA

Una **tablatura** è un metodo alternativo al pentagramma per scrivere la musica. Anche se non è il termine italiano corretto, spesso si utilizza la dicitura *intavolatura* o *tabulatura* (dal lat. *tabula*, "tavola"). Una tablatura si compone di un certo numero di linee orizzontali ognuna rappresentante una delle corde dello strumento (quindi 6 per una chitarra moderna e da 4 a 6 per un basso moderno). Da sinistra a destra è rappresentato il tempo, ogni rigo rappresenta una corda, i numeri scritti sopra ogni riga rappresentano il tasto da premere sul manico dello strumento. L'intavolatura indica solo la successione di corde da premere, ma non ha modo di rappresentare la durata di tali note, senza usare riferimenti esterni. Lo slash (/) è uno scorrimento veloce sulla tastiera fino a raggiungere la nota successiva. Al contrario l'uso della tablatura può essere positivo per lo studio delle scale. Nell'immagine la tablatura presentata è della scala diatonica a due ottave di Do maggiore.

Scala Diatonica Do maggiore 2 ottave

Tablatura

```
G-------------2-4/-5-7/-9-10-12/-14-16-17-16-14/-12-10-9/-7-5/-4-2----------------
D-------2-3-5---------------------------------------------------------------------5-3-2---------
A--3-5----------------------------------------------------------------------------------5-3----
E-----------------------------------------------------------------------------------------------
```

20. CORRETTA ESECUZIONE DELLE SCALE

Per una corretta esecuzione delle scale sono necessari degli accorgimenti dai quali non si può assolutamente prescindere. Innanzitutto bisogna impostare la mano sinistra così come viene descritto all'inizio di questo manuale alla sezione "Posizione delle mani sulla chitarra": pollice in corrispondenza del medio, ogni dito al proprio tasto, niente incursioni di dita non pertinenti, punte delle dita (tra unghia e polpastrello) perpendicolari alla tastiera (rivolgendo l'unghia verso l'esecutore o studente), divieto di tocco del fret, etc.

A queste regole generali se ne aggiungono di più specifiche per una corretta esecuzione delle scale, che insieme a quelle supra, formano una lista di precetti da seguire con rigore:

- - Mano aperta: la base delle dita non deve toccare il manico della chitarra;
- - Mano piatta, dritta e non coricata trasversalmente;
- - Dita perpendicolari e a martelletto: pigiare col polpastrello;
- - Non staccare le dita nella fase ascendente: mantenere la stabilità;
- - Non trascinare la corda negli slash (/): niente glissato;
- - Pollice dritto in corrispondenza del medio ed immobile;
- - Niente sbavature: premere saldamente le corde;
- - Tempo costante;
- - Suono legato: niente vuoti di suono;
- - Mignolo corretto;*
- - Niente bending: non piegare la corda;

* Essendo il dito più piccolo e meno allenato è il più portare a non osservare le regole, e quindi ha bisogno di una puntualizzazione a sé stante.

Andamenti delle scale

Questo manuale propone tre modalità di andamento per la esecuzione delle scale:

- **Andamento standard**: Con questo andamento le scale vengono eseguite interamente con un'andatura costante, senza variazioni nell'accento, assecondando il battito del metronomo.

- **Andamento sincopato:** Con questo andamento le scale vengono eseguite invece con una cadenza ed un accento diverso: le note, a gruppi di due per volta vengono eseguite la prima con una durata ed un accento superiore, la seconda con una durata ed un tempo inferiore.

- **Andamento ritroso:** Con questo andamento le scale vengono eseguite in un modo alquanto differente, a metà tra lo standard e la modalità d'esecuzione delle scale per terze: l'andatura è costante, ma per ogni tre note ascendente ve n'è una discendente (per intenderci: tre passi avanti ed uno indietro).

21. DITEGGIATURA

La diteggiatura è un metodo più comodo di leggere le scale musicali da eseguire su una chitarra. E' un metodo più generale, nel quale raccoglie una più vasta possibilità di tonalità e di precisione esecutiva. La diteggiatura si legge in questo modo: ogni numero cerchiato è una corda: ①Sol ②Re ③La ④Mi; ogni numero è un dito: 1 indice, 2 medio, 3 anulare, 4 mignolo; ad ogni dito corrisponde un tasto, così che se nel terzo tasto ci sta l'indice, il mignolo starà al sesto tasto. Lo slash (/) indica uno scorrimento veloce del dito sulla corda (quindi della mano sulla tastiera), fino a giungere al tasto da suonare, indicato dal numero di questi: uno slash equivale ad un semitono. Nella diteggiatura si può vedere La scala diatonica a due ottave per eccellenza che può spaziare dal La# al Re#, la scala prende il nome dalla prima nota toccata (Nel caso della scala diatonica maggiore a due ottave dal secondo dito sulla quinta corda); es. nel caso della scala di do maggiore la nota è do.

Il numero in grassetto contenuto nella scala è la note di apice: la più alta nota raggiunta dalla scala, e pertanto qualsiasi numero scritto posteriormente sulla stessa corda, non può che essere discendente rispetto a quello.

I numeri $^{1\,2\,3\,4}$ (scritti però in apice, così come è graficamente riportato) significano la relativa esecuzione nella corda immediatamente più alta rispetto a quella indicata dentro al cerchio: questa particolarità è presente esclusivamente solo nelle "scale per terze".

Per converso i numeri $_{1\,2\,3\,4}$ (scritti però in pedice, così come è graficamente riportato) significano la relativa esecuzione nella corda immediatamente più bassa rispetto a quella indicata dentro al cerchio: questa particolarità è presente esclusivamente solo nelle "scale boogie per terze".

Le "scale per terze" sono state realizzate sulla base della estrapolazione di queste ultime dalla tradizionale disciplina classica, rielaborate ed adattate per questo manuale: anche se la denominazione "per terze" ha senso, come ben sappiamo, solo per le scale che contengono almeno le sette note, per semplicità utilizzeremo questa denominazione anche per le scale formate da cinque note (Pentatoniche, Blues, Boogie).

- **Diatonica**
  - 2 ottave maggiore — TTSTTTS
  - 2 ottave minore — TSTTSTT
  - 3 ottave maggiore
  - 3 ottave minore
- **Armonica**
  - 2 ottave minore — TSTTS3ST
  - 3 ottave minore
- **Melodica**
  - 3 ottave minore melodica
  - 2 ottave minore melodica — TSTTTTS
- **Pentatonica**
  - 2 ottave maggiore — TT3ST3S
  - 2 ottave minore — 3STT3ST
  - 3 ottave maggiore
  - 3 ottave minore
- **Blues**
  - 2 ottave maggiore — 3STSST3S
  - 2 ottave minore — 3STSS3ST
  - 3 ottave maggiore
  - 3 ottave minore
- **Boogie**
  - 2 ottave maggiore — 2T3STS
  - 2 ottave minore — 3S3STS
  - 3 ottave maggiore
  - 3 ottave minore

22. DIATONICHE

La scala diatonica maggiore è composta dai rapporti fra note di: Tonica, Seconda maggiore, Terza maggiore,Quarta giusta o Sottodominante, Quinta giusta o dominante, Sesta maggiore e Settima maggiore.
Schema tonale: TTSTTTS

1° Scala Diatonica maggiore

[(Si = II) (Do = III) (Re = V) (Mi = VII) (Fa = VIII)]

①1 3 /1 3//1 2 4//1 3 **4** 3 1//4 2 1//3 1 /3 1

②1 2 4 ②4 2 1

③2 4 ③4 2

2° Scala Diatonica maggiore

[(Fa = I) (Sol = III) (La = V)]

①1 3//1 **2** 1//3 1

②1 3 4 ②4 3 1

③1 3 4 ③4 3 1

④1 3//1 2 4 ④4 2 1//3 1

3° Scala Diatonica maggiore (Mi)*

* 0 è corda vuota, 1 è al II tasto.

① 1 3//1 **2** 1//3 1

② 1 3 4 ② 4 3 1

③ 1 3 4 ③ 4 3 1

④ 0 1//1 2 4 ④ 4 2 1//1 0

4° Scala Diatonica maggiore

[(Sol = III) (La = V)]

①1 3//1 **2** 1//3 1

②1 3 4//1 3 4 ②4 3 1//4 3 1

③1 2 4 ③4 2 1

④2 4 ④4 2

La scala diatonica minore è composta dai rapporti fra le note di: Tonica, Seconda maggiore, Terza minore, Quarta giusta o Sottodominante, Quinta giusta o dominante, Sesta minore e Settima minore.
Schema tonale: TSTTSTT

1° Scala Diatonica minore

[(Si = II) (Do = III) (Re = V) (Mi = VII) (Fa = VIII)]

①1 3//1 2 4//1 2 4//**4**//4 2 1//4 2 1//3 1

②1 3 4 ④4 3 1

③1 3 4 ⑤4 3 1

2° Scala Diatonica minore

[(Fa = I) (Sol = III) (La = V)]

①1 2 4//**4**//4 2 1

②1 3//1 2 4 ②4 2 1//3 1

③1 3 4 ③4 3 1

④1 3 4 ④4 3 1

3° Scala Diatonica minore (Mi)*

* 0 è corda vuota, 1 è al II tasto.

① 1 2 4//**4**//4 2 1

② 0 1//1 3 4 ② 4 3 1//1 0

③ 0 1 2 ③ 2 1 0

④ 0 1 2 ④ 2 1 0

23. ARMONICHE

La scala armonica è composta dai rapporti fra le note di: Tonica, Seconda maggiore, Terza minore, Quarta giusta o Sottodominante, Quinta giusta o dominante, Sesta minore e Settima maggiore.
Schema tonale: TSTTT3S

1° Scala Armonica minore

[(Si = II) (Do = III) (Re = V) (Mi = VII) (Fa = VIII)]

①2 3//3 4//1 3 4///1 **2** 1///4 3 1 //4 3//3 2

②1 3 4 ②4 3 1

③1 3 4 ③4 3 1

2° Scala Armonica minore

[(Fa = I) (Sol = III) (La = V)]

①1 3 4///1 **2** 1///4 3 1

②2 3//3 4 ②4 3//2 3

③1 3 4 ③4 3 1

④1 3 4 ④4 3 1

3° Scala Armonica minore (Mi)*

* 0 è corda vuota, 2 è al II tasto.

① 1 3 4///1 **2** 1///4 3 1

② 1/1 3 4 ② 4 3 1/1

③ 0 2 3 ③ 3 2 0

④ 0 2 3 ④ 3 2 0

24. MELODICHE

La scala melodica è composta dai rapporti fra le note di: Tonica, Seconda maggiore, Terza minore, Quarta giusta o Sottodominante, Quinta giusta o dominante, Sesta maggiore e Settima maggiore.
Schema tonale: TSTTTTS

1° Scala Melodica minore

[(Si = II) (Do = III) (Re = V) (Mi = VII) (Fa = VIII)]

①1 2 4//1 4//1 **2**//4 2 1//4 2 1//3 1

②1 3//1 3 4 ②4 3 1

③1 3 4 ③4 3 1

2° Scala Melodica minore

[(Fa = I) (Sol = III) (La = V)]

①1 3//1 **2**//4 2 1

②1 2 4 ②4 2 1//3 1

③1 3//1 3 4 ③4 3 1

④1 3 4 ④4 3 1

3° Scala Melodica minore (Mi)*

* 0 è corda vuota, 1 è al II tasto.

① 1 3//1 **2**//4 2 1

② 1 2 4 ② 4 2 1//1 0

③ 0 1//1 3 4 ③ 2 1 0

④ 0 1 2 ④ 2 1 0

25. PENTATONICHE

La scala pentatonica maggiore è composta dai rapporti fra le note di: Tonica, Seconda maggiore, Terza maggiore, Quinta giusta o dominante, Sesta maggiore.
Schema tonale: TT3ST3S

1° Scala Pentatonica maggiore

[(Si = II) (Do = III) (Re = V) (Mi = VII) (Fa = VIII)]

①1 4///1 3//1 4//**4**//4 1//3 1 ///4 1

②1 4 ②4 1

③2 4 ③4 2

2° Scala Pentatonica maggiore

[(Fa = I) (Sol = III) (La = V)]

①1 3///**3**///3 1

②1 3//3 ②3//1 1

③1 3 ③3 1

④1 3//3 ④3//3 1

3° Scala Pentatonica maggiore (Mi)*

* 0 è corda vuota, 1 è al II tasto.

① 1 3///**3**///3 1

② 1 3//3 ② 3//3 1

③ 1 3 ③ 3 1

④ 0 1 3 ④ 3 1 0

La scala pentatonica minore è composta dai rapporti fra le note di: Tonica, Terza minore , Quarta giusta o Sottodominante, Quinta giusta o dominante, Settima minore.
Schema tonale: 3STT3ST

1° Scala Pentatonica minore

[(Si = II) (Do = III) (Re = V) (Mi = VII) (Fa = VIII)]

①1 3///1 3//1 4//**4**//4 1//3 1///3 1

②1 3 ②3 1

③1 4 ③4 1

2° Scala Pentatonica minore

[(Fa = I) (Sol = III) (La = V)]

①1 3//1 4//**4**//4 1//3 1

②1 3 ②3 1

③1 3 ③3 1

④1 4 ④4 1

3° Scala Pentatonica minore (Mi)*

* 0 è corda vuota, 1 è al III tasto.

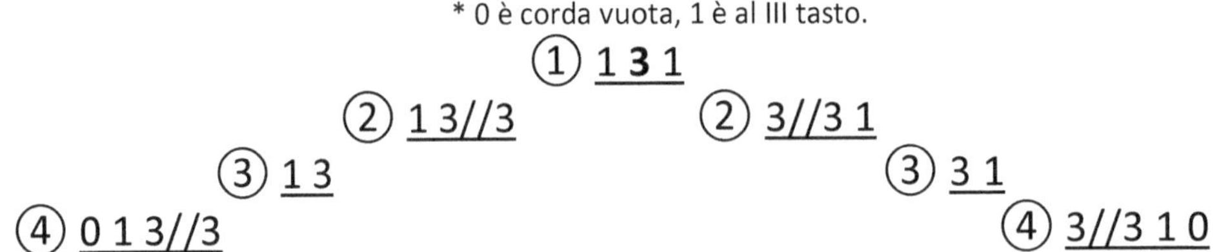

26. BLUES

La scala blues maggiore è composta dai rapporti fra note di: Tonica, Terza minore,Quarta giusta o Sottodominante, Quarta aumentata o Quinta diminuita, Quinta giusta o dominante, Sesta maggiore. Schema tonale: 3STSST3S

1° Scala Blues maggiore

[(Si = II) (Do = III) (Re = V) (Mi = VII) (Fa = VIII)]

① 1 4//1 2 3//1 **4** 1//3 2 1//4 1

② 1 2 3/3 ② 3/3 2 1

③ 1 4 ③ 4 1

2° Scala Blues maggiore

[(Fa = I) (Sol = III) (La = V)]

① 1 2 3//1 **4** 1//3 2 1

② 1 4 ② 4 1

③ 1 2 3//3 ③ 3//3 2 1

④ 1 4 ④ 4 1

3° Scala Blues maggiore (Mi)*

* 0 è corda vuota, 1 è al III tasto.

① **1**

② 1 2 3//3 ② 3//3 2 1

③ 1 4 ③ 4 1

④ 0 1//1 2 3//3 ④ 3//3 2 1//1 0

La scala blues minore è composta dai rapporti fra note di: Tonica, Terza minore,Quarta giusta o Sottodominante, Quarta aumentata o Quinta diminuita, Quinta giusta o dominante, Settima minore. Schema tonale: 3STSS3ST

1° Scala Blues minore

[(Si = II) (Do = III) (Re = V) (Mi = VII) (Fa = VIII)]

① 1 4//1 2 3///1 **3** 1///3 2 1//4 1

② 1 2 3///4 ② 4///3 2 1

③ 1 4 ③ 4 1

2° Scala Blues minore

[(Fa = I) (Sol = III) (La = V)]

① 1 2 3///1 **3** 1///3 2 1

② 1 4 ② 4 1

③ 1 2 3///4 ③ 4///3 2 1

④ 1 4 ④ 4 1

3° Scala Blues minore (Mi)*

* 0 è corda vuota, 1 è al III tasto

① **1**

② 1 2 3///4 ② 4///3 2 1

③ 1 4 ③ 4 1

④ 0 1//1 2 3///4 ④ 4///3 2 1//1 0

27. BOOGIE

La scala boogie maggiore è composta dai rapporti fra le note di: Tonica, Terza maggiore, Quinta giusta o dominante, Sesta maggiore, Settima minore.
Schema tonale: 2T3STS

[(Si = II) (Do = III) (Re = V) (Mi = VII) (Fa = VIII)]

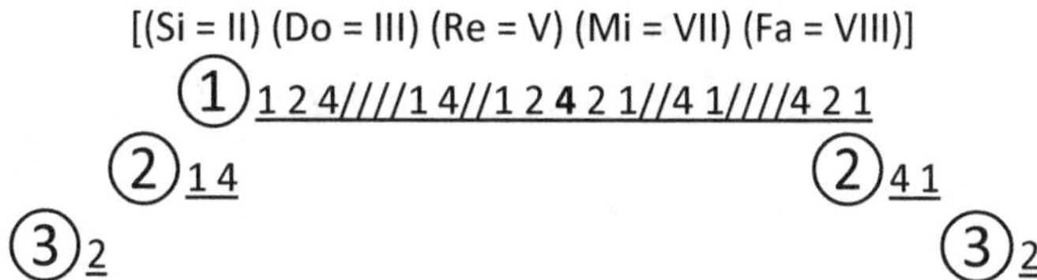

2° Scala Boogie maggiore

[(Sol = III) (La = V)]

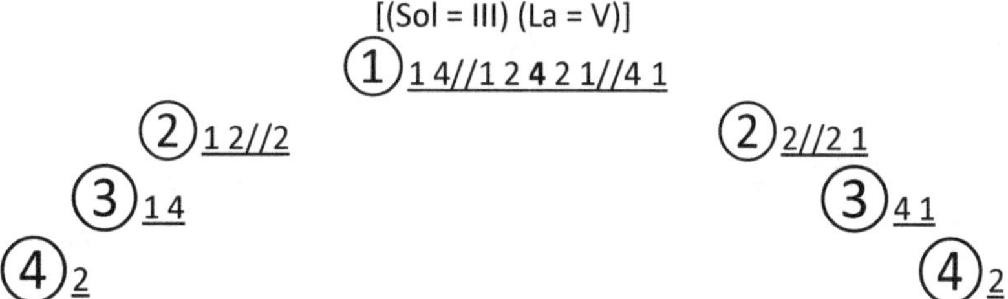

3° Scala Boogie maggiore (Mi)*

* 0 è corda vuota, 3 è al IV tasto

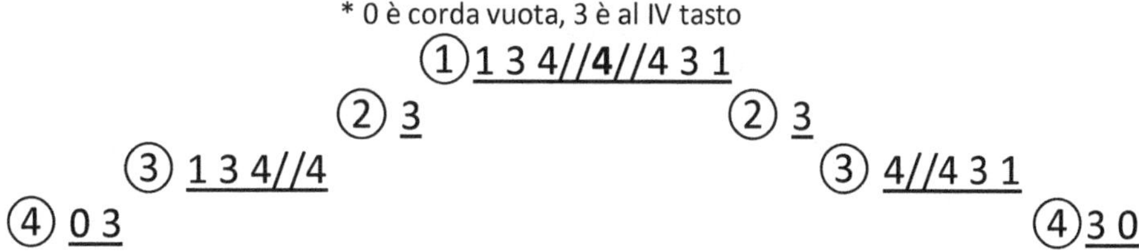

La scala boogie minore è composta dai rapporti fra le note di: Tonica, Terza minore, Quinta giusta o dominante, Sesta maggiore, Settima minore.
Schema tonale: 3S3STS

1° Scala Boogie minore

[(Si = II) (Do = III) (Re = V) (Mi = VII) (Fa = VIII)]

① 1 2 4////1 4//1 2 **4** 2 1//4 1////4 2 1

② 1 4 ② 4 1

③ 2 ③ 2

2° Scala Boogie minore

[(Fa = I) (Sol = III) (La = V)]

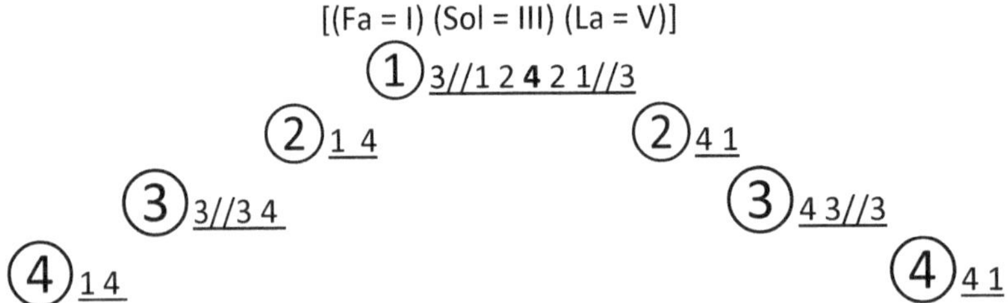

3° Scala Boogie minore (Mi)*

*0 è corda vuota, 2 al III tasto

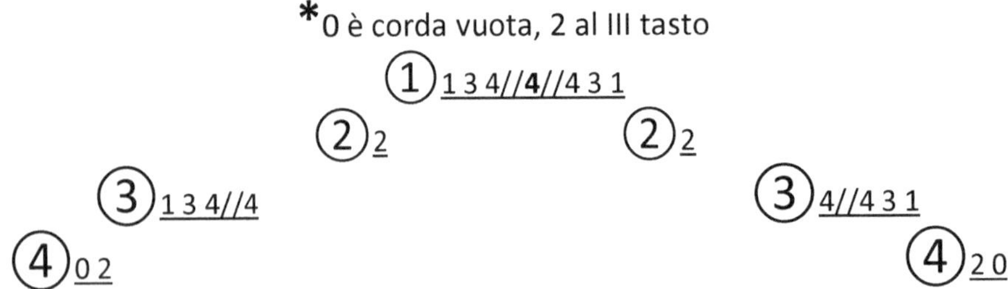

28. BOOGIE WOOGIE MAGGIORE

Quanto precede a questo paragrafo sono le scale Boogie poste ad introduzione a quanto segue: il c.d. Boogie Woogie. Il **boogie-woogie** è uno stile musicale blues per pianoforte, chitarra e basso.

È caratterizzato da un accompagnamento di basso, il cosiddetto basso ostinato e qualche volta è denominato **eight to the bar** (**eight** sta per la suddivisione della battuta in otto note del basso). Le due forme di basso più suonate sono il rolling bass e il walking bass. Qui di seguito sono proposti cinque andamenti di un Blues in Mi maggiore. Sulla base dello studio delle scale è possibile costruire andamenti in altre tonalità.

Mi	La	Si	n°
③13431 ④03 ④3	②13431 ③03 ③3	①121 ②14 ②41 ③2	**Boogie 1**
③14313 ④003	②14313 ③003	①21 ①1 ②14 ②4 ③22	**Boogie 2**
③13431^{3}1 ④03 ④3	②13431^{3}1 ③03 ③3	①121 ①^1 ②14 ②4 1 ③2	**Boogie 3**
③1431^{3}1 ④003	②1431^{3}1 ③003	①21 ①^1 ②14 ②4 ③22	**Boogie 4**
③1431 ③1 ④03 ④3	②1431 ②1 ③03 ③3	①21 ②14 ②414 ③2	**Boogie 5**

29. BOOGIE WOOGIE MINORE

Qui di seguito sono proposti cinque andamenti di un Blues in Mi minore. Sulla base dello studio delle scale è possibile costruire andamenti in altre tonalità.

Mi-	La-	Si-	n°
③ 1 3 4 3 1 ④ 0 2 ④ 2	② 1 3 4 3 1 ③ 0 2 ③ 2	① 1 2 1 ② 0 4 ② 0 1 ③ 2	**Boogie 6**
③ 1 4 3 1 3 ④ 0 0 2	② 1 4 3 1 3 ③ 0 0 2	① 2 1 ① 1 ② 0 4 ② 0 ③ 2 2	**Boogie 7**
③ 1 3 4 3 1^{3}1 ④ 0 2 ④ 2	② 1 3 4 3 1^{3}1 ③ 0 2 ③ 2	① 1 2 1 ① ^{1} ② 0 4 ② 0 1 ③ 2	**Boogie 8**
③ 1 4 3 1^{3}1 ④ 0 0 2	② 1 4 3 1^{3}1 ③ 0 0 2	① 2 1 ① ^{1} ② 0 4 ② 4 ③ 2 2	**Boogie 9**
③ 1 4 3 1 ③ 1 ④ 0 2 ④ 2	② 1 4 3 1 ② 1 ③ 0 2 ③ 2	① 2 1 ② 0 4 ② 0 1 0 ③ 2	**Boogie 10**

30. LEGATURA

"Le legature rappresentano una particolare caratteristica nella tecnica della chitarra, tramite la pressione o lo strappo con le dita della mano sinistra . Il loro impiego, già conosciuto nel Rinascimento, fu introdotto soprattutto a partire dall'epoca barocca, per passare in seguito nello stile classico e poi nella musica d'oggi. Mediante le legature si ottiene un fraseggio più morbido, una maggiore disinvoltura nei passaggi virtuosistici e una spontanea esecuzione nei vari tipi di abbellimenti." – Ruggero Chiesa

Abbiamo due tipi di legature: ascendente e discendente. Nella musica moderna si utilizza chiamarle con nomi differenti, quali: L'**hammer-on** (o "legato ascendente") e **Hammer-off** (o "legato discendente"). L'**hammer-on** (o "legato ascendente") è una tecnica chitarristica che permette di passare da una nota più bassa ad una più alta (solitamente della stessa corda) senza l'utilizzo della mano destra (si tratta di pizzicato a dita o tocco plettrato), ma premendo con il dito della mano sinistra sul tasto corrispondente. Abbiamo così una prima nota suonata mediante la mano destra e la successiva legata alla precedente con l'aiuto della mano sinistra; questa tecnica è spesso seguita dal pull-off. Il ***pull-off*** o **Hammer-off** (legato discendente) consiste in una tecnica chitarristica che ci permette di passare da una nota più alta ad una più bassa (della stessa corda) senza l'ausilio del plettro per farla suonare ma strappando o tirando letteralmente la corda verso il basso. Per cui suoniamo la prima nota premendo già con l'indice la nota successiva più bassa e poi strappiamo col dito la nota che abbiamo suonato nel modo descritto sopra. Con un po' di pratica questa tecnica permette di acquistare velocità sul manico. Considerando come nelle scale il dito indice col numero uno, il medio con il due, l'anulare con il tre ed il mignolo con il quattro, un ottimo esercizio per legatura ascendente, ovviamente pizzicando per la prima nota e legando per la seconda, può seguire i seguenti esempi:

12 13 14 23 24 34

L'esercizio, per simmetria, adatto al legato discendente o Hammer-off (o Pull-off) è:

21 32 43 31 41 42

Il legato può interessare anche tre note, e non solo due, così come nell'esempio:

121 131 141 232 242 343

Per simmetria, adatto al legato per tre note discendente o Hammer-off (o Pull-off) è:

414 424 434 313 323 212

31. TRASLATO

Il **traslato,** chiamato anche più comunemente (ma non correttamente) "slide", è un effetto di variazione musicale della nota. Ha lo stesso scopo del "Legato" già analizzato nella pagina precedente, cioè quello di eseguire due note (o anche più) pizzicandone una sola (con la mano sinistra o col plettro). Il lavoro della mano destra non è quello di strappare o percuotere la corda nel tasto desiderato, ma è quello di scivolare sulla corda, fino al raggiungimento di esso. Bisogna fare una *summa divisio* per comprendere i quattro generi di traslato (o slide): innanzitutto vi è il traslato acendente, ed il traslato discendente; ognuno dei quali però si divide in legato e slide.

Traslato legato ascendente

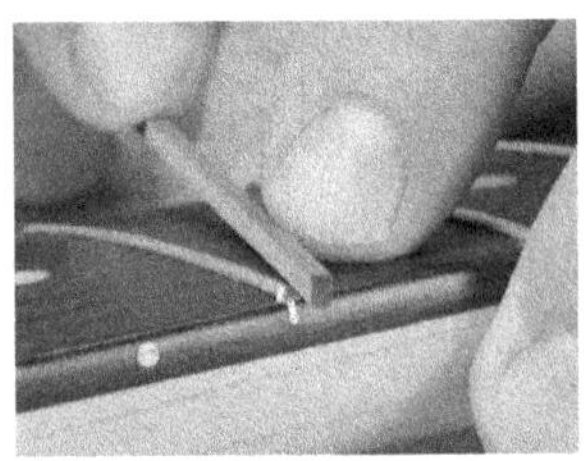

Si produce suonando una nota nel suo tasto, e poi scivolando (senza più pizzicare) verso l'alto (toni acuti), fino al raggiungimento del tasto desiderato: l'effetto è di un legato, ma in più si aggiunge il suono dell'aumentare progressivo della nota, dato dallo scivolare del dito sulla tastiera. Il simbolo nella tablatura è un semplice slide (/) preceduto da note (numeri), invece nella diteggiatura sono tanti slide quanti fret devono essere superati (p. Es.: 13//134)

Traslato legato discendente

Si produce suonando una nota nel suo tasto, e poi scivolando (senza più pizzicare) verso il basso (toni bassi), fino al raggiungimento del tasto desiderato. Valgono le stesse regole che per il traslato legato ascendente.

Traslato slide ascendente

Si produce pizzicando una corda scivolando (senza più pizzicare) verso l'alto (toni acuti), fino al raggiungimento del tasto desiderato. L'effetto è una nota che "cresce" (mentre in effetti è la frequenza a crescere). Del traslato legato resta solo lo scivolamento in quanto non vi è una nota iniziale di partenza. Il simbolo nella tablatura e nella diteggiatura è il medesimo: un semplice slide (/) non preceduto da note (numeri).

Traslato slide discendente

Si produce pizzicando una corda scivolando (senza più pizzicare) verso il basso (toni bassi), fino al raggiungimento del tasto desiderato. Valgono le stesse regole dello slide ascendente

32. VIBRATO

Il **vibrato** è un effetto musicale che consiste nella variazione periodica dell'altezza di una nota riprodotta (più precisamente si tratta di una modulazione di frequenza).
Il vibrato fornisce un particolare significato al sostenuto/tenuto, rendendolo gradevole all'orecchio, laddove una singola nota tenuta in modo statico risulterebbe fastidiosa. In questo manuale analizzeremo due tipologie di vibrato: vibrato orizzontale e vibrato verticale.

Vibrato orizzontale

Il vibrato orizzontale consiste nel vibrato così com'è conosciuto nella musica classica, in cui, avendo una saldissima stabilità del polso data dalla fermezza del pollice, si produce una variazione della frequenza con il semplice spostamento (che consiste in uno stirare e conseguente allentare) della corda nello stesso verso della tastiera, giù e su, in modo veloce e ripetuto. Questo vibrato c.d. orizzontale è utilizzato fortemente nella musica classica, pertanto su chitarre classiche, tecnica che però rende poco su una chitarra elettrica, ma è comunque rilevante in una chitarra acustica.

Vibrato verticale

Il vibrato verticale, a differenza di quello c.d. orizzontale, trova il suo miglior strumento d'applicazione nella chitarra elettrica in assoluto. La morbidezza delle corde, la quale permette anche la piegatura della corda c.d. "Bending" per salire e scendere di semitoni o toni, permette un vibrato il quale segue il verso dei tasti della tastiera, quindi su è giù per il tasto. Il dito può essere aiutato, nella piegatura alternata della corda da una lieve rotazione della mano che utilizza come fulcro (cerchiato nell'immagine) la parte inferiore della tastiera, conseguendo così una variazione di frequenza di gran lunga superiore rispetto a quella del vibrato orizzontale. Questa tecnica difficoltosamente può essere applicata a strumenti quali la chitarra classica, data la consistenza delle corde di nylon, pertanto il discorso è opposto a quello del vibrato orizzontale. La chitarra acustica sopporta meglio della classica il vibrato verticale.

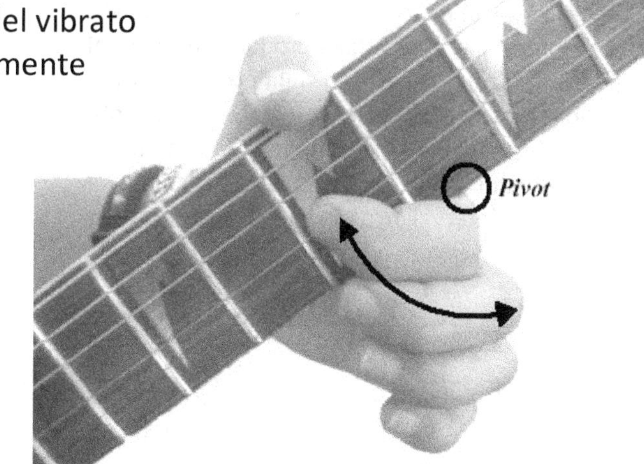

33. LA PROPORZIONE DELLE NOTE DELLE CORDE

Premesse matematiche
In greco il concetto di relazione si esprimeva in termini matematici come rapporto a:b. Dalla combinazione di due o più relazioni si originava la proporzione, espressa dall'equazione generale a:b=c:d (proporzione disgiunta), oppure, nel caso in cui le due grandezze intermedie b e c fossero state uguali, a:b=b:c (proporzione continua). Pitagora e i suoi discepoli stabilirono tre tipi principali di proporzione:
- la proporzione aritmetica c-b=b-a (es: 1, 2, 3),;
- la proporzione geometrica a/b=b/c (p. es.: 1, 2, 4),;
- la proporzione armonica (b-a)/a=(c-b)/c (es: 2, 3, 6),.

A queste tre proporzioni corrispondono, rispettivamente, la media aritmetica b=(a+c)/2, la media geometrica b=÷ac, e la media armonica b=2ac/(a+c). Questa interpretazione trovava delle incoraggianti conferme nello studio della musica; infatti considerando i due toni che definiscono l'intervallo di ottava (do grave e do acuto) come termini estremi a e c di una proporzione, risulta che, essendo essi in rapporto di 1/2, la loro media aritmetica è b = (2+1)/2 = 3/2 mentre la loro media armonica è b = 2(2¥ 1)/(2+1) = 4/3. L'intervallo di quinta è quindi la media aritmetica tra due toni distanti di un'ottava, mentre quello di quarta ne è la media armonica. Quanto alla proporzione geometrica, essa mette in relazione le due medie, essendo 2 : 4/3 = 3/2 : 1.

Premesse fisiche
E' bene sottolineare quali sono le premesse fisiche per cui si passa dalla produzione di suoni alla rete di numeri interi.
La prima osservazione è che a ciascuna nota corrisponde una determinata frequenza proporzionata alla sua altezza;se andiamo a misurare l' intervallo, ossia la distanza fra due note, calcolando il rapporto fra le loro frequenze, ci accorgiamo che questo rapporto è sempre lo stesso per coppie di suoni alla stessa distanza nella scala musicale.
All'intervallo di ottava corrisponde ad esempio il rapporto 2, alla quinta il rapporto 3/2 e così via.

Rapporti tra intervalli e frequenze nella scala musicale.
Lo stesso principio è stato osservato da Pitagora, il quale si rese conto che facendo vibrare una corda tesa tra due estremi è possibile udire assieme ad essa una serie di suoni (le armoniche) che formano con la nota fondamentale accordi piacevoli all'orecchio. E' possibile ricercare questi suoni intercettando la corda in diversi punti lungo la sua lunghezza: se la intercettiamo a metà otteniamo l'ottava, a 2/3 la quinta, a 3/4 la quarta e così via)

Intervallo	*Rapporto delle frequenze*	*Numero massimo che figura nel rapporto*
Unisono	$\frac{1}{1}$	1
Ottava	$\frac{2}{1}$	2
Quinta	$\frac{3}{2}$	3
Quarta	$\frac{4}{3}$	4
Terza maggiore	$\frac{5}{4}$	5
Sesta minore	$\frac{5}{3}$	5
Terza minore	$\frac{6}{5}$	6
Sesta maggiore	$\frac{8}{5}$	8
Seconda	$\frac{9}{8}$	9

34. TEMPERAMENTO

L'intervallo tra Do1 e Do2 (raddoppio della frequenza), viene detto intervallo di ottava. Si noti che la parola intervallo relativo alle altezze dei suoni, si riferisce al rapporto tra le frequenze, non alla loro differenza. Da queste si possono dedurre le frequenze da assegnare a tutte le note della scale di Do: il metodo adottato, che viene detto temperamento, ha importanti conseguenze per la costruzione degli strumenti musicali a intonazione fissa (come il pianoforte) e anche per i metodi di composizione musicale stessi.

N°	Nome Intervallo	Intervallo naturale	**Temperamento equabile**	**Temperamento naturale**	**Temperamento pitagorico**	**Temperamento mesotonico**
0	Unisono	1:1	0	0	0	0
1	Seconda minore	16:15	100	112	90	117
2	Seconda maggiore	9:8	200	204	204	193
3	Terza minore	6:5	300	316	294	310
4	Terza maggiore	5:4	400	386	408	386
5	Quarta giusta	4:3	500	498	498	503
6	Quarta aumentata Quinta diminuita	45:32 64:45	Tritono 600	590 610	612	579 621
7	Quinta giusta	3:2	700	702	702	697 Quinta del lupo: 737
8	Sesta minore	8:5	800	814	792	814
9	Sesta maggiore	5:3	900	884	906	889
10	Settima minore	9:5	1000	1018	996	1007
11	Settima maggiore	15:8	1100	1088	1110	1083
12	Ottava	2:1	1200	1200	1200	1200

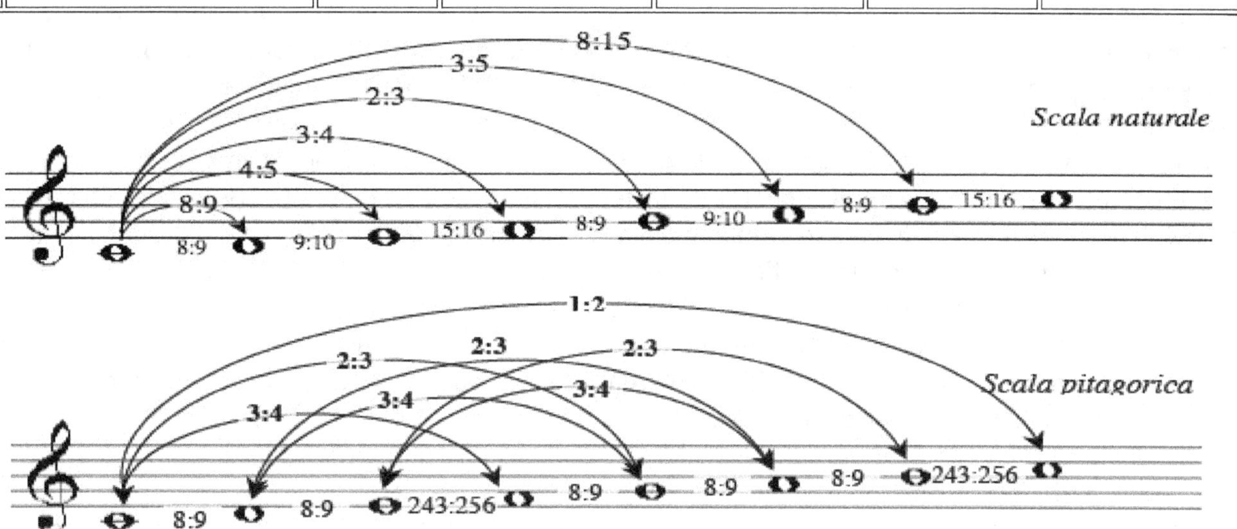

35. TUTTI I GRADI E LE SFUMATURE DELL'ACCORDO

Do,C,Do+

Iniziamo con l'accordo fondamentale, che è quello **maggiore**. Lo si trova praticamente ovunque: credo sia impossibile trovare una canzone che non ne abbia nemmeno uno. (No, non è vero. *Mondo in Mi7* di Celentano e *Dio mio no* di Battisti hanno solo l'accordo di mi7) L'accordo maggiore è formato a partire dalla sua nota di base aggiungendo una terza maggiore, e sopra quest'ultima una terza minore: dunque una quinta sopra la nota fondamentale. Contando in semitoni, abbiamo un "+4" seguito da un "+3"; l'accordo di do maggiore è pertanto composto da do, mi e sol. Il suo suono è al nostro orecchio "positivo".

Dom,Cm,Do-

Il contraltare dell'accordo precedente: l'accordo **minore**. Anche se non è onnipresente come il precedente, esso è comunque usatissimo, e non si può sperare di evitare di impararlo. La sua costruzione è alla rovescia dell'accordo maggiore: si parte con una terza minore, e ci si aggiunge sopra una terza maggiore, ottenendo lo stesso una quinta giusta. In semitoni, troviamo un "+3" seguito da un "+4"; l'accordo di do minore è costituito da do, mib e sol. Il suo suono risulta in un certo senso melanconico.

Do7,C7

Dopo gli accordi principali, passiamo alla prima variante, vale a dire l'accordo di **settima**. Se uno volesse essere pignolo, dovrebbe parlare di accordo di settima *minore*: infatti, esso si costruisce aggiungendo una settima minore alle note che formano il corrispondente accordo maggiore. In semitoni, abbiamo i salti "+4", "+3", "+3"; come note, do, mi, sol e sib. Perché, ti sei forse chiesto, l'accordo di settima più "naturale" utilizza la settima minore e non quella maggiore? Probabilmente perché è quella che dà il suono meno dissonante. Anzi, molti non lo considerano per nulla dissonante! L'accordo viene molto usato sul quinto grado, insomma un sol7 quando siamo in do; in questo caso, si può spesso tralasciare la settima se non ci si sente sicuri: lo stesso vale per gli accordi sul secondo, terzo e sesto grado (re, mi e la). Resta invece più difficile evitare di usarlo quando è costruito sul primo grado, oppure sul quarto (do e fa rispettivamente). In questo caso, infatti, serve per dare al suono uno stile più blueseggiante.

Do7+,Cmaj7

Eccoci al primo accordo dove la notazione italiana e quella inglese divergono. Anche in questo caso si aggiunge all'accordo maggiore la nota sul settimo grado, ma questa volta si parla di accordo di **settima maggiore**, almeno in teoria... in pratica, si sente dire "settima più". E' facile immaginare che in questo caso i salti saranno nell'ordine "+4", "+3", "+4" semitoni, e che le note che compongono l'accordo di do7+ sono do, mi, sol, si. Questo è anche il primo accordo per cui occorre fare attenzione a come si scelgono le note che lo compongono. Il si e il do distano infatti un semitono, e suonare due note così vicine è da evitare, perché l'effetto è piuttosto dissonante. Molto meglio lasciare undici semitoni di distanza. Il suono di questo accordo è in un certo senso "romantico": la dissonanza dà come un senso di attesa. Spesso si può sostituirlo senza eccessive perdite con il corrispondente accordo maggiore, oppure con l'accordo minore costruito sulla terza maggiore - invece che do7+, insomma, si può suonare un mi minore. Naturalmente questo non sarà possibile se l'armonia è costruita su un passaggio cromatico: pensa ad esempio a *Something* di George Harrison, dove la successione iniziale di accordi è do, do7+, do7, fa.

Dom7,Cm7

Ancora un accordo minore con aggiunta una nota che forma un intervallo di settima con quella di base. Come qualcuno forse ha intuito, nell'accordo **minore settima** anche l'intervallo aggiunto è di settima minore. In teoria potremmo avere un "dom7+", ma è così cacofonico che non mi pare di averlo mai visto.

I salti tra le varie note sono nell'ordine "+3", "+4", "+3" semitoni; le note che compongono l'accordo di do minore settima sono do, mib, sol e sib. Il suono di questo accordo è molto armonico, anche perché nasconde tra le sue pieghe un accordo maggiore: si può comunque tralasciare la settima nel caso ci si trovi in difficoltà.

Do6,C6,

L'accordo di **sesta** usa rigorosamente una sesta maggiore in aggiunta alle note che compongono l'accordo maggiore corrispondente. In pratica, i salti che si trovano sono "+4", "+3", "+2" semitoni; generalmente avere due note a distanza di solo due semitoni non è il massimo dell'armonia, ma in questo caso funziona bene, immagino per una questione di armonici. Le note che compongono l'accordo di do6 sono do, mi, sol, la. Ricordano nulla? No? Magari ti può venire qualche idea se ti scrivo le note che compongono l'accordo di dom7: esse sono mib, sol, sib e do. Prova a tornare su all'accordo precedente: l'ordine è diverso, ma sono sempre le stesse! In effetti, gli accordi di dom7 e di mib6 sono agli effetti pratici identici, anche se un musicista non ne scriverebbe mai uno al posto dell'altro: un po' come le parole che vogliono "qu" oppure "cu". La differenza pratica può vedersi nella nota più bassa suonata, o nell'armonia del brano: il suono è lo stesso, ma per semplificare qui si evita di suonare la sesta.

Dom6,Cm6

Anche l'equivalente minore dell'accordo precedente, detto **minore sesta**, richiede l'aggiunta della nota che sta una sesta maggiore sopra la fondamentale: i problemi sono sempre quelli di dissonanza. I salti sono questa volta "+3", "+4", "+2", e le note che compongono l'accordo di dom6 sono do, mib, sol e la. Questo accordo non è usatissimo: in un brano in do maggiore si può trovare al più un fam6. In compenso, il suo suono è molto peculiare, e sembra implorare di essere seguito da un do maggiore per terminare il brano, o almeno una sua sezione. Purtroppo spesso è un po' ostico da suonare alla chitarra; se proprio non ci riesci, accontentati di un semplice do minore.

Doaum,C+

Finora abbiamo visto solamente accordi che erano costruiti a partire da quello maggiore o minore aggiungendo una nota. Questo accordo, chiamato **aumentato**, fa invece parte di una categoria diversa insieme con il successivo: le note vengono *modificate*. Nell'accordo aumentato abbiamo infatti oltre alla fondamentale e alla terza maggiore una quinta aumentata. Ricordi che avevo detto che la sesta minore non veniva usata, perché troppo vicina di suono alla quinta? Ecco la soluzione per usare in pratica quel suono. Le note corrispondenti all'accordo di do aumentato sono insomma do, mi e sol#, mentre i salti relativi sono pertanto di "+4","+4" semitoni. Se ci pensi un attimo, con un altro salto uguale ritorniamo a un do. Ciò significa che di accordi aumentati in realtà ce ne sono solamente quattro: non v'è alcuna differenza tra un do aumentato, un mi aumentato e un sol# aumentato. Il suono corrispondente all'accordo è piuttosto dissonante: a dare questa impressione non sono tanto gli intervalli in sé, quanto gli armonici che vanno ciascuno per conto suo. Purtroppo il suo uso, pur non essendo comune, è abbastanza insostituibile, visto che in genere sta all'interno di una successione cromatica do - do aum - do6, e la successione la si vuole sentire. Puoi provare a lasciare il semplice accordo maggiore corrispondente, ma non lamentarti. Un'ultima noticina: la notazione inglese può confonderci, con quel "+" che per noi significa "maggiore" e per loro "aumentato".

Dodim,C°

Il contraltare dell'accordo aumentato è quello **diminuito**. Confesso immediatamente che da qui in poi comincio a barare spudoratamente: accorperò spesso nella stessa voce due accordi che nella realtà sono diversi. L'accordo diminuito vero e proprio è composto da tre sole note: la fondamentale unita alla terza minore e alla quinta diminuita. Le note dell'accordo di do diminuito sono dunque do, mib e solb (leggi fa#, se ti torna più comodo), e i salti corrispondenti "+3" e "+3" semitoni. In pratica, però, questo accordo risulta molto ostico da suonare alla chitarra. Quindi nella musica pop si suppone sempre di usare l'accordo **di settima diminuita**, dove viene aggiunta per l'appunto una quarta nota che ha intervallo di settima diminuita (hai ragione, non l'ho messo nello schema! leggi sesta maggiore) rispetto alla fondamentale. Ricapitolando, le note che compongono l'accordo di do settima diminuita sono do, mib, fa# e la, e i salti sono di "+3", "+3", "+3" semitoni. Anche in questo caso puoi notare che con un altro salto di "+3" ritorniamo alla fondamentale: insomma, di accordi di settima diminuita ce ne sono solamente tre. Risparmiamo sul numero di accordi da ricordare. In compenso, questo è un accordo insostituibile, nel senso che è difficile metterne un'altro al suo posto. A volte può capitare: in effetti c'è solo una nota diversa per un semplice semitono tra un do7dim e un si7 (o un re7, o un fa7, o un lab7. Il bello dell'uniformità dell'accordo). E ad esempio se stiamo suonando *Sono solo canzonette* in do, il terzo accordo sarebbe un mi7dim, ma anche un la7 è accettabile. Il guaio è che non sempre questo è possibile, e comunque bisogna capire quale dei quattro accordi di settima è quello adatto... Il suono dell'accordo, come forse è ormai chiaro, è dissonante in maniera "bella", come un tocco di attesa. Può essere interessante scoprire che il primo compositore a sdoganarlo è stato il Sommo, Johann Sebastian Bach.

Do4,Csus

Ecco l'accordo principale di un gruppetto che gli inglesi chiamano "suspended", sospesi, da cui il "sus" che si trova nei nomi internazionali. Questa sospensione è in pratica una nota che ne *sostituisce* un'altra: una variante che non avevamo ancora trovato nella nostra trattazione. Nell'accordo **di quarta** gli inglesi non fanno neppure la fatica di indicare quali sono la nota da sostituire e quella con cui viene sostituita: è per loro ovvio che al posto della terza maggiore viene usata la quarta (giusta), e questa brama di "tornare al suo posto" (la terza, appunto). In do maggiore l'accordo di quarta è pertanto composto da do, fa e sol, con salti di "+5" e "+2" semitoni. Una differenza abbastanza curiosa tra i due salti, ma come detto questo accordo viene sempre visto come un passaggio quasi melodico. Quando viene usato l'accordo di quarta? Generalmente se ne sta vicino al suo corrispondente maggiore: se siamo in tonalità di do maggiore, possiamo vedere la successione do - do4 - do oppure sol - sol4 -sol. Saltarlo risulta pertanto sempre possibile: basta poi non lamentarsi della piattezza dell'armonia.

Do4/7,C7sus

Questa variante dell'accordo precedente, denominata **accordo di quarta e settima**, è un vero ibrido. Infatti sostituisce la terza con la quarta, e inoltre aggiunge una settima minore, ricavando così un suono parecchio dissonante. Le note che compongono l'accordo di do 4/7 sono do, fa, sol e sib; i salti corrispondenti sono "+5", "+2", "+3". Può essere interessante fare notare che nella teoria musicale "classica" le distanze tra le ultime tre note sono considerate tra le più naturali in un contesto *melodico*, non armonico come in questo caso. Questo accordo è molto usato nell'ambito pop/rock, ed è quasi sempre visto come un passaggio per ritornare sulla tonalità iniziale. In do maggiore avremo così la successione sol4/7 - sol7 - do; la funzione di passaggio della quarta spicca perfettamente in questo contesto. Si può naturalmente evitare di suonarlo, e usare al suo posto un semplice accordo di settima: per una volta, l'effetto non è poi così rovinoso, il che sarà un sollievo per il chitarrista alle prime armi.

Do2,Do9,Cadd9

Ecco un altro caso in cui baro spudoratamente, riunendo sotto un'unica voce due accordi ben distinti. E peggio ancora, il prossimo accordo trattato confonderà ancora di più le cose... In questo caso spero mi si possa perdonare, perché nella notazione italiana manca la distinzione che si trova in inglese. L'accordo **di**

nona contiene una nona maggiore: e fino a qui sono tutti d'accordo. Ma sulle altre note che compongono l'accordo c'è maretta. Guardando alla notazione inglese, la scritta "Cadd9" ha un significato chiaro: all'accordo di do maggiore si aggiunge una nota ulteriore, il re. L'accordo completo è così formato da do, mi, sol e re (all'ottava sopra, ad essere pignoli), e ha come salti corrispondenti "+4", "+3", "+7" semitoni. Ma la forma "Csus2" ci fa subito capire di avere un accordo sospeso, dove al posto della terza ci troviamo la seconda maggiore. Sempre un re, è vero, ma adesso l'accordo rimane composto da do, re e sol, con salti corrispondenti "+2", "+5" semitoni. Per completare la confusione, al pianoforte in genere l'accordo di do9 è suonato tutto nella stessa ottava: do, re, mi, sol con salti "+2", "+2", "+3" semitoni. Chiaro, no? Anche l'uso dell'accordo di nona è duplice. Può essere un semplice abbellimento intorno al corrispondente accordo maggiore, e in questo caso lo si può tranquillamente sostituire con quest'ultimo; oppure può essere usato con una specie di "effetto sorpresa", come ad esempio un re9 in una canzone in do, e allora bisognerebbe per quanto possibile lasciarlo intatto. Gli intervalli dissonanti che contiene sono infatti piuttosto piacevoli, dando un'idea di ricchezza nel suono. Degli accordi di nona si possono trovare ad esempio in *Every breathe you take* dei Police, oppure nell'accordo che apre *Imagine* di John Lennon.

Do7/9,C9

Il secondo degli accordi di nona ha come nome pratico quello di accordo **di settima e nona**, e contiene appunto oltre alle note del corrispondente accordo maggiore una settima minore e una nona maggiore, per un totale di ben cinque note: do, mi, sol, sib e re. I corrispondenti salti sono di "+4", "+3", "+3", "+4" semitoni. Simmetrico, no? Ti potrai magari chiedere come mai nella notazione inglese manchi la segnalazione dell'aggiunta della settima. La risposta è che in musica questo *è* l'accordo di nona! E addirittura si dice anche che, se si deve togliere una nota, quella sacrificabile è la quinta: il sol, se siamo in tonalità di do. Questo è però abbastanza inutile nella musica pop/rock, dato che l'uso di questo accordo "dissonante ma ricco" è generalmente limitato alla strappata che conclude il brano. Si può ovviamente lasciare perdere questa finezza e usare il semplice accordo maggiore, ma vi si sgamerebbe subito!

Do6/9,C6/9

L'accordo **di sesta e nona**, composto aggiungendo all'accordo fondamentale una sesta maggiore e una nona maggiore, non è molto comune, e lo si trova principalmente nella musica brasiliana o similare. Il suo suono è molto particolare, e non sostituibile facilmente. Esso è formato da do, mi, sol, la e re; gli intervalli fanno un salto nell'ordine do "+4", "+3, "+2", e "+5" semitoni.

Do2m,Do9m,C(min9)

Ancora un accordo con l'aggiunta di una nota che fa un intervallo di nona con la fondamentale. L'accordo **di nona minore** è un accordo maggiore cui è stata appunto aggiunta una nona minore, con un effetto molto dissonante: anche se gli intervalli hanno salti ampi ("+4", "+3", "+6"), in realtà ci sono due note a distanza teorica di un semitono. Le note che lo compongono sono infatti do, mi, sol e reb. Il suo uso nella musica leggera è piuttosto limitato: in genere precede immediatamente la tonica finale - quindi possiamo trovare un brano in do maggiore che termina con sol9m e infine do - ed è un equivalente dell'accordo di settima, colorato un po' di più.

Do10m,C7#9

Questo accordo, come del resto il precedente, è molto dissonante, e il suo uso è riservato a specifici tipi di brani, come ad esempio il blues. Di nuovo, abbiamo un accordo dalla composizione un po' ballerina: per noi italiani infatti è un accordo **di decima minore**, e non si fa menzione della settima che si vede nell'equivalente (?) forma inglese. Meno preoccupante è invece il vedere indicata una nona maggiore (il

"#9") al posto della decima minore: abbiamo visto all'inizio che all'atto pratico sono la stessa nota. Se sei stato attento, saprai benissimo che la decima minore equivale a una terza minore, e potresti chiederti perché non si scrive direttamente che l'accordo è minore. La risposta è sconsolante: questo *è* un note sono "+4", "+3", "+8" semitoni. Inutile aggiungere che il mi e il mib sono rigorosamente a un'ottava (diminuita) di distanza. Più pratico ricordare che spesso questo accordo è per così dire "implicito": è il bluesman che canta con una scala blues - che in tonalità di do usa il mib e il sib - mentre suona un accordo (maggiore) con la settima minore. Quindi in caso di necessità si può evitare di aggiungere tra le note che si suonano la decima minore, e limitarsi a cantarla. Andrà tutto bene!

Do(no3),C5

Ecco finalmente l'accordo che tutti stavano aspettando! Il nome italiano è **bicordo**: ma io l'ho sempre sentito chiamare all'inglese **power chord**. Ma non è finita qui: il suo simbolo sembra fatto apposta per trarre in inganno i poveri chitarristi alle prime armi, che si chiedono perché nella sigla dell'accordo sembra venire indicata l'esistenza di una quinta, quando in realtà bisogna *togliere* la terza. Per farla breve, l'accordo è formato solamente da fondamentale e quinta, do e sol quando siamo in tonalità di do, e l'unico intervallo che rimane è "+7" semitoni: se vogliamo essere generosi e aggiungere anche l'ottava, possiamo vedere anche un "+5". Il suono di questo accordo è molto peculiare: la mancanza di una terza lo mette in un limbo, né maggiore né minore. E all'orecchio si ha una certa sensazione come di vuoto, sensazione acuita dall'abitudine di mettere più power chord uno dopo l'altro, con un tripudio di ottave parallele che fa rivoltare nella tomba tutti i compositori classici. In effetti, non ho mai capito perché l'accordo debba essere chiamato "potente", forse perché al pianoforte non è che dia tutto quell'effetto. Misteri delle chitarre iperamplificate. Purtroppo non pu ò essere sostituito in alcun modo: il chitarrista si può consolare pensando che in fin dei conti lo si suona solo su tre corde, quindi non è la fine del mondo.

Do5b,Cb5

Un altro accordo dissonante, dove si sostituisce alla quinta giusta una **quinta diminuita**. A differenza dell'accordo diminuito vero e proprio, però, in questo caso la terza rimane maggiore: le note che compongono l'accordo di do5b sono pertanto do, mi e fa#, e i corrispondenti intervalli fanno salti di "+4" e "+2" semitoni. L'uso di questo accordo è piuttosto limitato, e lo si può quasi vedere come una fioritura intorno al relativo accordo fondamentale. In pratica è molto più usato il suo fratellino esposto subito sotto.

Dom7/5b,Cm7b5

Un accordo comunissimo nel jazz... ma anche spesso usato da Claudio Baglioni, questo accordo **semidiminuito** si forma a partire dall'accordo minore corrispondente sostituendo la quinta con una quinta diminuita, e aggiungendo la settima minore, a differenza dell'accordo diminuito dove anche la settima è diminuita. Le note che formano l'accordo di dom7/5b sono do, mib, fa#, e sib; gli intervalli corrispondenti fanno salti di "+3", "+3", "+4" semitoni... con un altro "+2" implicito per completare il giro e arrivare al do. Infatti, non è raro che si preferisca evitare di scrivere un accordo così ostico, anche nella versione "cerchietto tagliato" degli inglesi, e si sfrutti la forma equivalente. Invece che scrivere Dom7/5b si può infatti definire l'accordo come Mibm/Do.

36. NOTE

37. Sommario

INTRODUZIONE ALLA SECONDA EDIZIONE....2
1. COME STUDIARE IL BASSO....3
2. POSIZIONE DELLE MANI SUL BASSO....5
3. LE DODICI NOTE MUSICALI....7
4. CICLICITA' DEI RAPPORTI FRA LE NOTE....8
5. TONALITA' DEI RAPPORTI FRA LE NOTE....14
6. RITMICA BASSISTICA....15
7. GIRI ARMONICI (Standard)....16
8. COSTRUZIONE ACCORDI MAGGIORI SULLA TASTIERA....20
9. COSTRUZIONE ACCORDI MINORI SULLA TASTIERA....21
10. COSTRUZIONE ACCORDO....22
11. COSTRUZIONE ACCORDO SETTIMA....23
12. COSTRUZIONE ACCORDI SESTA....25
13. COSTRUZIONE ACCORDI QUARTA (undicesima)....26
14. COSTRUZIONE ACCORDI SECONDA (nona)....27
15. TONALITA' DEGLI ACCORDI....28
18. SOLISTICA BASSISTICA....31
20. CORRETTA ESECUZIONE DELLE SCALE....32
21. DITEGGIATURA....33
28. BOOGIE WOOGIE MAGGIORE....44
29. BOOGIE WOOGIE MINORE....45
30. LEGATURA....46
31. TRASLATO....47
32. VIBRATO....48
33. LA PROPORZIONE DELLE NOTE DELLE CORDE....49
34. TEMPERAMENTO....50
35. TUTTI I GRADI E LE SFUMATURE DELL'ACCORDO....51

ANNOTAZIONI ED ESERCIZI

Questa pagina è stata lasciata deliberatamente vuota.

La sua destinazione è l'attività didattica integrativa a corredo del percorso editoriale.

ANNOTAZIONI ED ESERCIZI

Questa pagina è stata lasciata deliberatamente vuota.

La sua destinazione è l'attività didattica integrativa a corredo del percorso editoriale.

ANNOTAZIONI ED ESERCIZI

Questa pagina è stata lasciata deliberatamente vuota.

La sua destinazione è l'attività didattica integrativa a corredo del percorso editoriale.

ANNOTAZIONI ED ESERCIZI

Questa pagina è stata lasciata deliberatamente vuota.

La sua destinazione è l'attività didattica integrativa a corredo del percorso editoriale.

ANNOTAZIONI ED ESERCIZI

Questa pagina è stata lasciata deliberatamente vuota.

La sua destinazione è l’attività didattica integrativa a corredo del percorso editoriale.

ANNOTAZIONI ED ESERCIZI

Questa pagina è stata lasciata deliberatamente vuota.

La sua destinazione è l'attività didattica integrativa a corredo del percorso editoriale.

ANNOTAZIONI ED ESERCIZI

Questa pagina è stata lasciata deliberatamente vuota.

La sua destinazione è l'attività didattica integrativa a corredo del percorso editoriale.

ANNOTAZIONI ED ESERCIZI

Questa pagina è stata lasciata deliberatamente vuota.

La sua destinazione è l'attività didattica integrativa a corredo del percorso editoriale.

www.ingramcontent.com/pod-product-compliance
Lightning Source LLC
LaVergne TN
LVHW080953230826
846091LV00012B/4085
* 9 7 8 0 2 4 4 5 6 4 6 0 5 *